U0522104

图解组织心理学
从零开始养成领导力

チームのパフォーマンスを最大化する！
組織心理学見るだけノート

[日] 山浦一保 ◎ 编著
[日] 千叶万希子 ◎ 译

中国纺织出版社有限公司

Soshiki Shinrigaku Mirudake Note
Copyright ©Kazuho Yamaura 2022
All rights reserved.
Original Japanese edition published by Takarajimasha, Inc.
Chinese simplified character translation rights arranged with Takarajimasha, Inc.
Through Shinwon Agency Beijing Representative Offce, Beijing.
Chinese simplified translation rights © 2025 by China Textile & Apparel Press

著作权合同登记号：图字：01—2025—0500

图书在版编目（CIP）数据

图解组织心理学：从零开始养成领导力/（日）山浦一保编著；（日）千叶万希子译. -- 北京：中国纺织出版社有限公司, 2025.4. -- ISBN 978-7-5229-2417-5

Ⅰ. C936-64

中国国家版本馆CIP数据核字第202422BN08号

责任编辑：柳华君　　责任校对：高　涵　　责任印制：储志伟

中国纺织出版社有限公司出版发行
地址：北京市朝阳区百子湾东里A407号楼　邮政编码：100124
销售电话：010—67004422　传真：010—87155801
http://www.c-textilep.com
中国纺织出版社天猫旗舰店
官方微博 http://weibo.com/2119887771
鸿博睿特（天津）印刷科技有限公司印刷　各地新华书店经销
2025年4月第1版第1次印刷
开本：710×1000　1/16　印张：14.5
字数：129千字　定价：68.00元

凡购本书，如有缺页、倒页、脱页，由本社图书营销中心调换

前言

组织心理学是现代职场人不可或缺的精神支柱

"下属不听从我的指派调遣。"
"部门里的气氛很糟糕。"
"我没能提升下属的工作积极性。"
"因为和上司相处得不好,工作没有干劲。"
"上司没有正确地评价我的工作成果。"
"跟某个同事无论如何都相处不好。"

想必有这样烦恼的职场人不在少数吧。据说职场的烦恼大部分都是由人际关系引起的,所以有这些烦恼都是必然的。本书目的在于,通过在企业等组织与工作场所中,构建能让大家都干劲十足地工作的"良好人际关系",从而提高工作与生产效率。为此,我将详细介绍自己多年潜心研究组织心理学所获得的成果,以及其中最先进的组织心理学的知识与见解。

为了让整个团队向着同一个目标团结一致、发挥最大能动性从而取得最大的成果,最近流行的"KPI管理"等系统化的方法也非常有效。不过,真正推动整个组织运转的是当中的每一个人。

正因如此,组织当中的任意一人,对自己所属的团体抱有怎样的感情(好恶),都显得尤为重要。

组织心理学,也被称为工业与组织心理学(Industrial-organizational psychology),在国际上也可以取首字母缩写,称为I-O心理学。

组织心理学(或职业心理学)是一门探究个人、企业、组织在工作场所所面临的各种问题及其原因，从心理层面揭示顺利运转的组织共有的"领导能力"和"人际关系"的学问。

组织心理学不仅以企业等职场环境为研究对象，在企业以外的社群——学校、社区集会、老年协会，或者工作场合以外的非正式聚会（如晨起学习会、兴趣小组）等场合也可以应用。

从这个意义上来说，本书不仅适用于商务人士，还适用于学生、老年人等各个年龄层的人。

我们一般认为，团体中存在不满、嫉妒、不和、不信任等负面情绪是不利的。但是，组织心理学的知识可以将这种负面情绪转变为积极情绪，将团体引导至更好的方向。

在现代，无关个人意愿，我们生来便从属于某个组织或集团。而且，往往不仅属于一个组织。例如，职场人就可以同时从属于公司、家庭、社区、志愿者协会等多个组织。

本书将介绍各种各样的知识和小窍门，帮助读者们在所属的多种多样的组织中度过充实的每一天。

希望本书能够对读者构建组织内良好的人际关系有所帮助。

山浦一保

目录

▶ 1 组织心理学是下一代领导者的必备素养

01 组织心理学究竟是关于什么的学科·············12
02 组织心理学是保护自我、解决组织内部问题的路标·············14
03 比起每个成员的能力，成员之间的关系更重要吗·············16
04 不是成员越多，组织的成果就越丰硕·············18
05 能够提高组织工作效率的，是金钱还是动机·············20
06 越有集体凝聚力的组织越能取得好业绩·············22
07 如何防止组织的失误·············24
08 通过合适的教练提升员工的能力·············26

▶ 2 主导职场的群体和组织的本质

01 群体的专有规则是如何形成的·············30
02 人服从于组织的机制·············32
03 他人在场对自己的工作有什么影响·············34
04 提高组织生产效率的关键不是工作条件而是人际关系吗·············36
05 因为他人的评价改变自己的意见与行动·············38
06 行为的目的从"价值"变成了"报酬"·············40
07 集体的意见很容易变得极端吗·············42
08 组织做出错误决策的机制·············44

09	知道组织的判断有误，却久久无法撤回	46
10	群体判断劣于个人判断吗	48
11	内群体与外群体的对立无可避免吗	50
12	消除群体间对立的最优方法	52
13	人会通过确认所属群体的优越性来维护自尊	54
14	人会顺应他人的期待，更容易达成目标	56
15	每个人的行为都可能给社会整体带来非预期结果	58
16	少数派也会对多数派产生影响吗	60
17	从对方容易接受的小要求开始，逐步提出更大的要求	62

▶ 专栏　需要记住的组织心理学术语集① ⋯⋯ 64

▶3　利用负面情绪让组织表现更上一层楼

01	人们产生不理性行为，是"情绪"在作祟吗	70
02	人类是一种讨厌"变化"的生物	72
03	"嫉妒"的情绪是最难对付的	74
04	"嫉妒"令人充满攻击性	76
05	容易心生嫉妒的人会变得放不下手机	78
06	人们为什么无法舍弃嫉妒的情感	80
07	当人感到嫉妒时，大脑发生了怎样的变化	82
08	嫉妒有"恶性"和"良性"两种	84
09	容易嫉妒的人应采取的生存/成长战略	86
10	心存嫉妒的人会采取的三种行为模式	88
11	如果你的下属陷入嫉妒怎么办	90
12	如果自己成为被嫉妒的一方，可以采取的三种行为模式	92
13	因为不想被他人嫉妒所以施以援手	94

▶4　如何弥补团队成员之间的热情差距

01	上司和下属的关系可以在一瞬间决定吗	98

02	下属对工作的热情度取决于和上司的关系	100
03	温暖的人际关系能提高生活质量	102
04	组织内的动机差异	104
05	组织中上下级关系对绩效的影响	106
06	活用"寒暄"来弥补工作热情差异	108
07	通过让团队齐心协力来弥补工作热情差异	110
08	实现逆风翻盘的日航哲学	112
09	通过共享愿景，使团队更强大	114
10	真正能够消除热情差异的信息共享是怎样的	116
11	处理共享信息时应注意的两个要点	118
12	提高团队绩效需要的信息共享条件	120
13	共享信息时，尽量使用简洁的语言	122
14	领导与成员构建人际关系时的风险	124
15	在有"温差"的组织中，能够保护团队活力的因素	126
16	团队成员的热情差异带来的危害，越小的团队越显著	128
17	利用组织外的力量解决人际关系质量的起伏	130

▶ 专栏　需要记住的组织心理学术语集② ······132

▶ 5　团队绩效最优化的关键要素

01	组织中为什么会产生不满	138
02	多数人选择忍耐或是隐藏不满	140
03	向上司传达坏消息需要勇气	142
04	隐藏不满是孕育组织事故的温床	144
05	利用组织内部的不满	146
06	如何创造一个让下属轻松说出心声（即不满意见）的环境① 基于工作成果进行评价	148
07	如何创造一个让下属轻松说出心声（即不满意见）的环境② 赋予下属明确的角色身份	150

7

08	如何创造一个让下属轻松说出心声（即不满意见）的环境③
	拥有心理上的安全感 ·· 152
09	如何创造一个让下属轻松说出心声（即不满意见）的环境④
	上司和下属朝着共同的方向努力 ·· 154
10	"表扬"比"责备"更能有效激励成员 ·· 156
11	应该表扬"能力"还是"努力" ·· 158
12	从JR福知山线列车事故中吸取的"表扬"教训 ·························· 160
13	实验验证了表扬的效果 ·· 162
14	有效表扬的两个必要条件 ·· 164
15	不表扬等于隐性批评 ·· 166

▶ 6 什么是使组织顺畅运作的领导力

01	领导力是与生俱来的吗 ·· 170
02	领导力主要分为三类 ·· 172
03	能否发挥领导力取决于情境 ·· 174
04	什么是愿景型领导 ·· 176
05	什么是魅力型领导 ·· 178
06	什么是为成员服务的公仆型领导 ·· 180
07	重视道德观的真实型领导究竟是怎样的 ·································· 182
08	地位和权力会使人改变 ·· 184
09	使掌权的领导人逐渐腐化的机制 ·· 186
10	下属向上司提出要求的九种策略 ·· 188
11	下属会根据上司的类型使用不同的影响策略 ·························· 190
12	提高自己在组织内话语权的方法 ·· 192
13	无能领导常见的三种共同行为 ·· 194
14	远程办公时期的领导应该怎样做 ·· 196

▶ 7 挽回信任的方法论——极易瓦解的信任关系

- 01　仅一次自私的行为就会失去组织的信任⋯⋯⋯⋯⋯⋯⋯⋯⋯⋯200
- 02　一旦发现对方隐瞒了失误，就不会再信任对方的人性⋯⋯⋯⋯202
- 03　消极情绪会影响身体健康⋯⋯⋯⋯⋯⋯⋯⋯⋯⋯⋯⋯⋯⋯⋯204
- 04　如何有效"谢罪"以挽回失去的信誉⋯⋯⋯⋯⋯⋯⋯⋯⋯⋯⋯206
- 05　原谅对方、相互合作终有裨益⋯⋯⋯⋯⋯⋯⋯⋯⋯⋯⋯⋯⋯208
- 06　谢罪也能够减轻自身压力⋯⋯⋯⋯⋯⋯⋯⋯⋯⋯⋯⋯⋯⋯⋯210
- 07　通过沟通和下属修复信任关系⋯⋯⋯⋯⋯⋯⋯⋯⋯⋯⋯⋯⋯212
- 08　反省自己是否怀有偏见⋯⋯⋯⋯⋯⋯⋯⋯⋯⋯⋯⋯⋯⋯⋯⋯214
- 09　思维模式决定对对方的信任⋯⋯⋯⋯⋯⋯⋯⋯⋯⋯⋯⋯⋯⋯216
  - ▶ 专栏　需要记住的组织心理学术语集③　　　　　　　　218

参考文献⋯⋯⋯⋯⋯⋯⋯⋯⋯⋯⋯⋯⋯⋯⋯⋯⋯⋯⋯⋯⋯⋯⋯⋯⋯222
术语索引⋯⋯⋯⋯⋯⋯⋯⋯⋯⋯⋯⋯⋯⋯⋯⋯⋯⋯⋯⋯⋯⋯⋯⋯⋯223
后记⋯⋯⋯⋯⋯⋯⋯⋯⋯⋯⋯⋯⋯⋯⋯⋯⋯⋯⋯⋯⋯⋯⋯⋯⋯⋯⋯227

1

组织心理学是下一代领导者的必备素养

组织心理学的主要作用是帮助我们构建良好的人际关系。
这一章我们将学习组织心理学的基础知识。

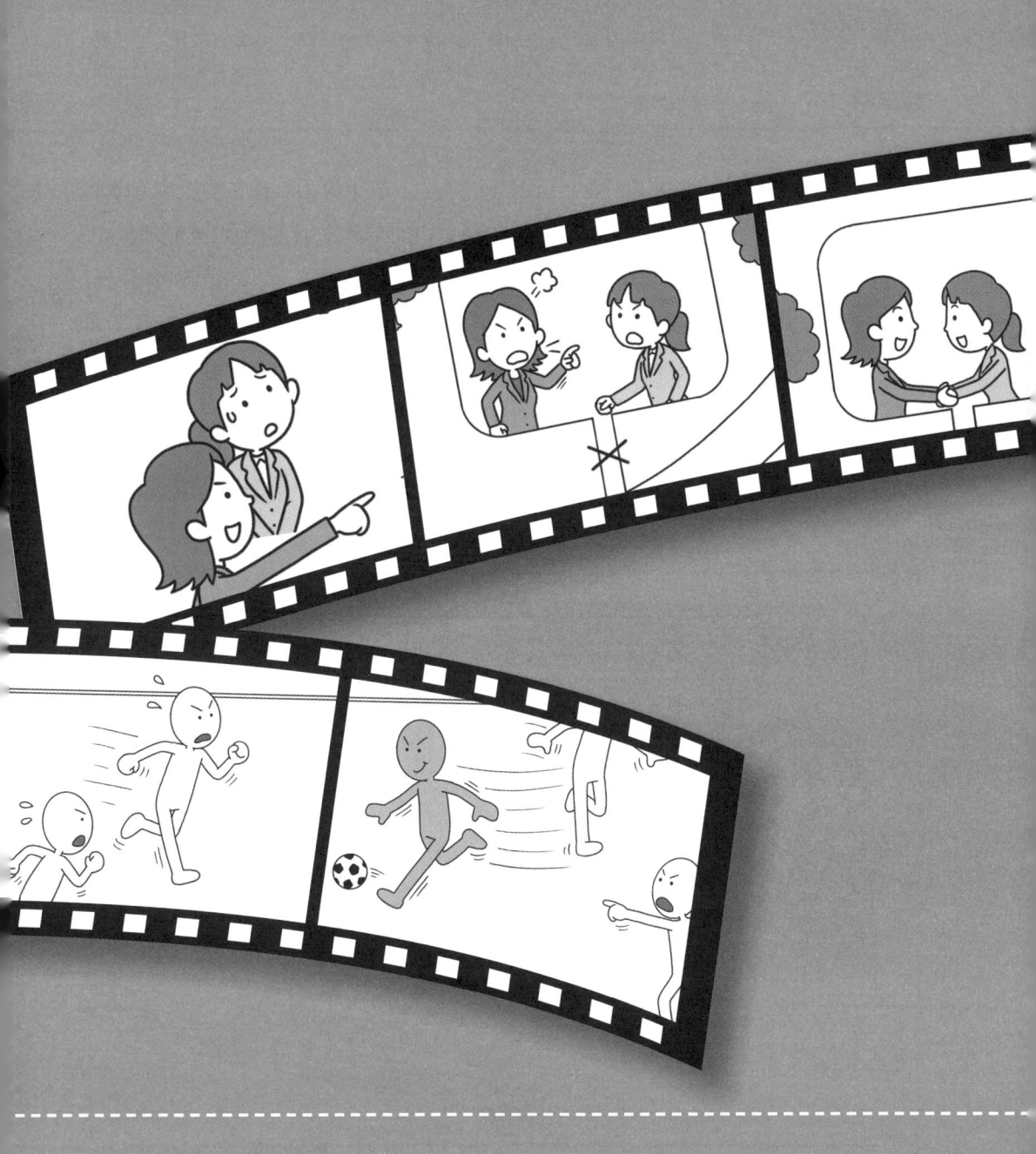

关键词 → ☑ 人际关系

01 组织心理学究竟是关于什么的学科

组织心理学是为了分析组织和群体中人们的心理而诞生的学科，其终极目的是帮助构建组织内良好的**人际关系**。为此，我们也有必要关注组织中所包含的消极因素。

组织心理学一般被称为"工业与组织心理学"，属于应用心理学中研究群体心理的一个分支。美国于1970年创办了工业与组织心理学学会，日本则在1985年创办。

"工业与组织心理学"中的"工业"一词，即工业心理学，以20世纪初提出科学管理法的弗雷德里克·泰勒为创始人，将生产现场的效率性和作业的标准化等作为研究主题。但这之后研究者们发现，工作效率不仅取决于物质和经济因素，还取决于劳动者的精神状态（如对于上司和同事的情绪、对工作的积极性等）。

"工业与组织心理学"的历史

20世纪初：工业心理学的诞生

> 用客观科学的视角，对由工厂工人的主观经验和技能等组成的工作内容，进行分析和整理，再通过管理来提高工作效率。

科学管理法的倡导者
弗雷德里克·泰勒

> 采用科学管理法后，生产效率提高了1.5倍哦！

管理者

组织心理学就是顺应这一潮流而诞生的学科，正如在前言中提到的，它的主要目的是"构建良好的人际关系"。人们的"不满"和"嫉妒"等不合理情绪也在组织心理学的研究之列。

一个人能做的工作是有限的。因此，人们建立组织，以获取更大的成果。但是，组织也有其独有的负面影响。例如，个体因集体压力而无法说出想说的话，或是精神上被人际关系的压力逼到绝境的情况有时也会发生。组织心理学正是对组织中消极部分进行改革并加以解决的学问。

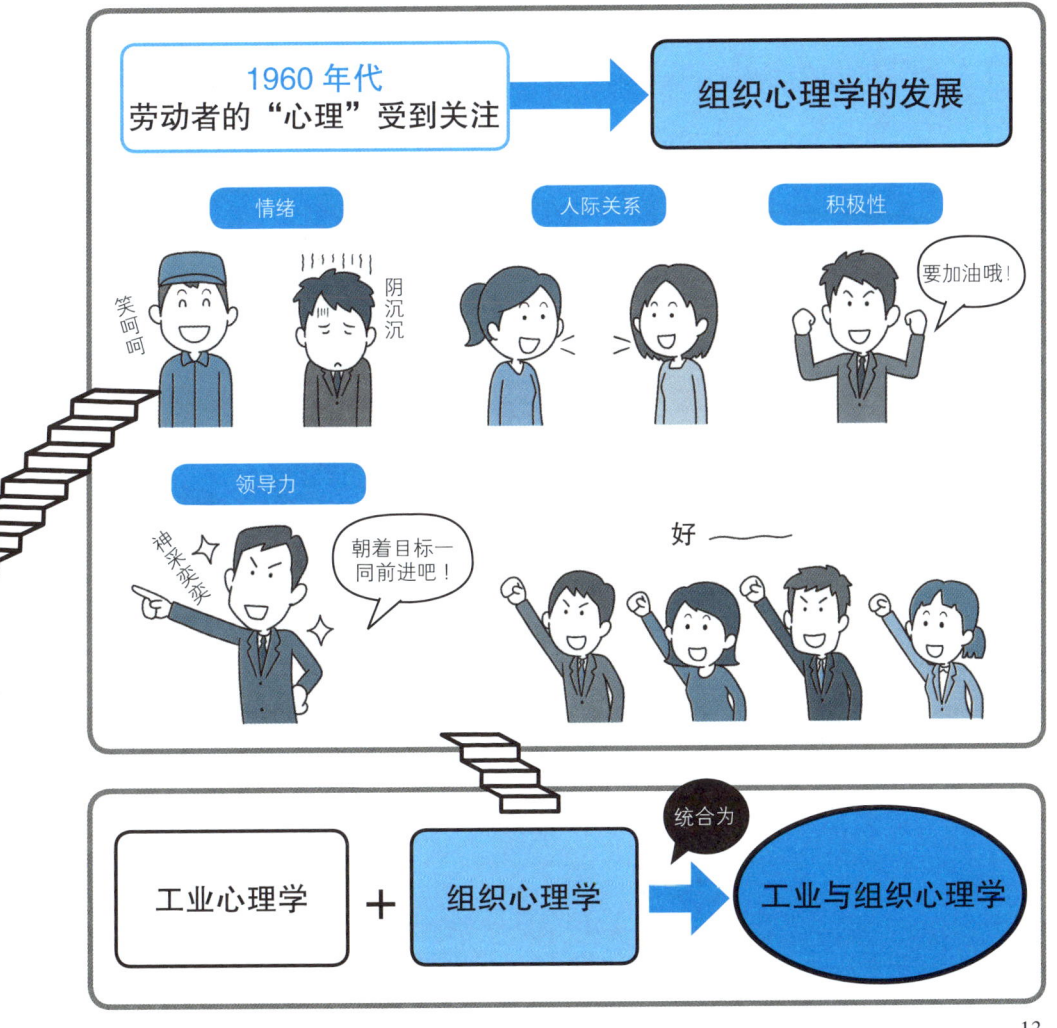

1960 年代 劳动者的"心理"受到关注 → 组织心理学的发展

- 情绪（笑呵呵／阴沉沉）
- 人际关系
- 积极性（要加油哦！）
- 领导力（神采奕奕／朝着目标一同前进吧！／好——）

工业心理学 ＋ 组织心理学 → 统合为 工业与组织心理学

关键词 → ☑领导力

02 组织心理学是保护自我、解决组织内部问题的路标

在昭和❶型的组织运营已经远远落后于时代的今天,被社会所需要的<u>领导力</u>究竟是什么呢?想必组织心理学的研究成果对于构建现代组织内部的人际关系会大有帮助吧。

从昭和到平成❷初期,大多数领导都依靠直觉和经验来引导下属。在这种情况下,可以说领导们几乎不会照顾到下属的情绪。当然,在以"饮酒会"为名的加班中,后辈也许能从前辈那里学到一些职场小窍门,但这些方法并非都能派上用场。现在被称为"酒精骚扰"或"职权骚扰"的类似情况应该也很常见吧。

作为令和❸年代的新领导,应该依据科学知识,致力于建立更良好的组织内人

从旧领导形象到新领导形象

昭和至平成初期

就知道一味模仿前辈的工作方法!

你最近很偷懒嘛!要拿出更多毅力!

无论如何给我想办法完成规定的工作量!

气势

毅力

喝!

好的。

明白!

现在这算是职权骚扰哦!

过去习惯于用精神论和毅力论来引导下属

---

❶ 日本年号,1926 年 12 月 25 日—1989 年 1 月 7 日。——编者注
❷ 日本年号,1989 年 1 月 8 日—2019 年 4 月 30 日。——编者注
❸ 日本年号,2019 年 5 月 1 日至今。——编者注

际关系。

"自己从前辈那里学到的东西，也适用于现在的年轻人。""工作就要依靠团队合作，有时最好不要表露自己的意见和不满。""破坏组织和谐的捣乱分子，毫无疑问要被排除在外。"

被这种非科学的消极情绪所束缚的领导形象，古板迂腐，堪比化石。受官方推进的"工作方式改革"的影响，现在组织层面对员工身体和精神上的照顾已经相当完善了，但即便如此仍远远不够。新时代的领导需要吸收组织心理学的新见解，在心理学和行为科学等学科的理论基础上，进行科学的组织运营。组织心理学一定能成为领导保护自我、带动他人的风向标。

新时代所需要的是怎样的全新领导形象？

例

其一　设身处地考虑下属的心情
- 我明白你的心情……
- 我想要追随这个人！

其二　通过表扬下属提升对方的积极性
- 这次的项目你干得很好。下次也要辛苦你了！
- 谢谢！

其三　不偏激地看待问题，从多角度评价下属
- 他虽然常常犯错，但很有创造力。
- 部长，我刚刚想到了一个新的企划！

原来如此！这就是现在受欢迎的领导者啊。

活用组织心理学的研究成果

活用组织心理学，能在保护自我的同时，通过构筑良好的人际关系，带动身边人，以得到最好的结果。

关键词 → ☑ 顶尖球员、团队绩效

03 比起每个成员的能力，成员之间的关系更重要吗

组织的能力，并不等于成员个人能力的总和。团体齐心协力瞄准一个目标时，有时会很大程度激发个人的能力，也有时会抑制个人的能力，导致遗憾收场。为了最大程度发挥集体的力量，团队成员间的关系也非常重要。

在对各国国家足球代表队进行的调查中，研究者们得到了一个有趣的数据。该数据展示的是拥有多少在欧洲顶尖足球俱乐部活跃的运动员，即人们常说的顶尖球员，才能够给队伍带来良好的成绩。调查结果显示，拥有100%顶尖球员的国家队不一定能有完美的团队绩效，而顶尖球员占40%~60%的队伍则获得了最佳成绩。研究者们对NBA的职业篮球队也进行了同样的分析，依旧得出了相同的结论，并不是拥有100%顶尖球员的球队就是最强的球队。

拥有六成顶尖球员的足球队

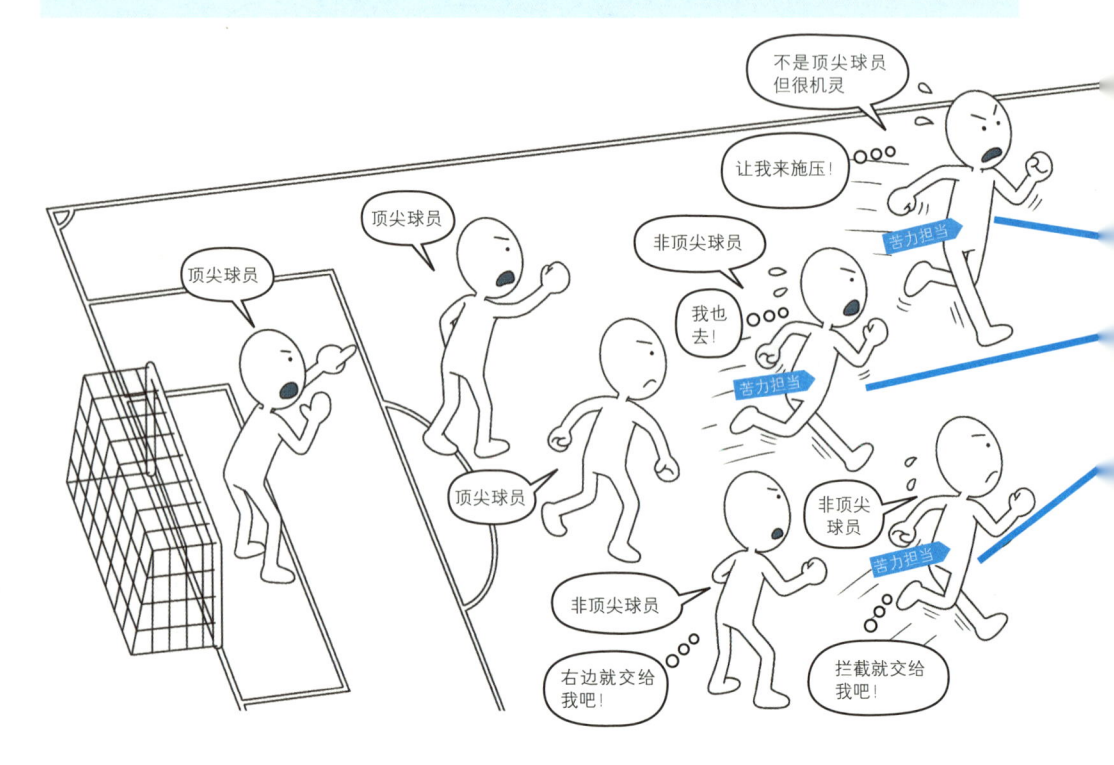

顶尖球员

顶尖球员

顶尖球员

非顶尖球员
我也去！

不是顶尖球员但很机灵
让我来施压！
苦力担当

非顶尖球员
苦力担当

非顶尖球员
右边就交给我吧！

非顶尖球员
拦截就交给我吧！
苦力担当

实际上，顶尖球员越多，集体就越会暴露出失控的一面。"木匠多了盖歪房"这句谚语不仅适用于指挥官，也适用于场上的球员们。这是因为，如果所有人都是顶级球员，则很难建立起组织内成员之间的强大联结。在足球比赛中，善于持球进攻的球员更容易获得好评。但是，当对方持球时，如果没有能施压将球抢过来，并把球传给己方的辅助型选手，球队就无法顺利运转。当然，辅助型选手如果做到极致，也会成为顶尖球员，但是和进攻型选手相比会更加不引人注目。无论如何，不同位置的人都要在理解自己职责的基础上，和队友建立起强有力的伙伴关系，这样无论是在商务还是在比赛中都能发挥良好作用。

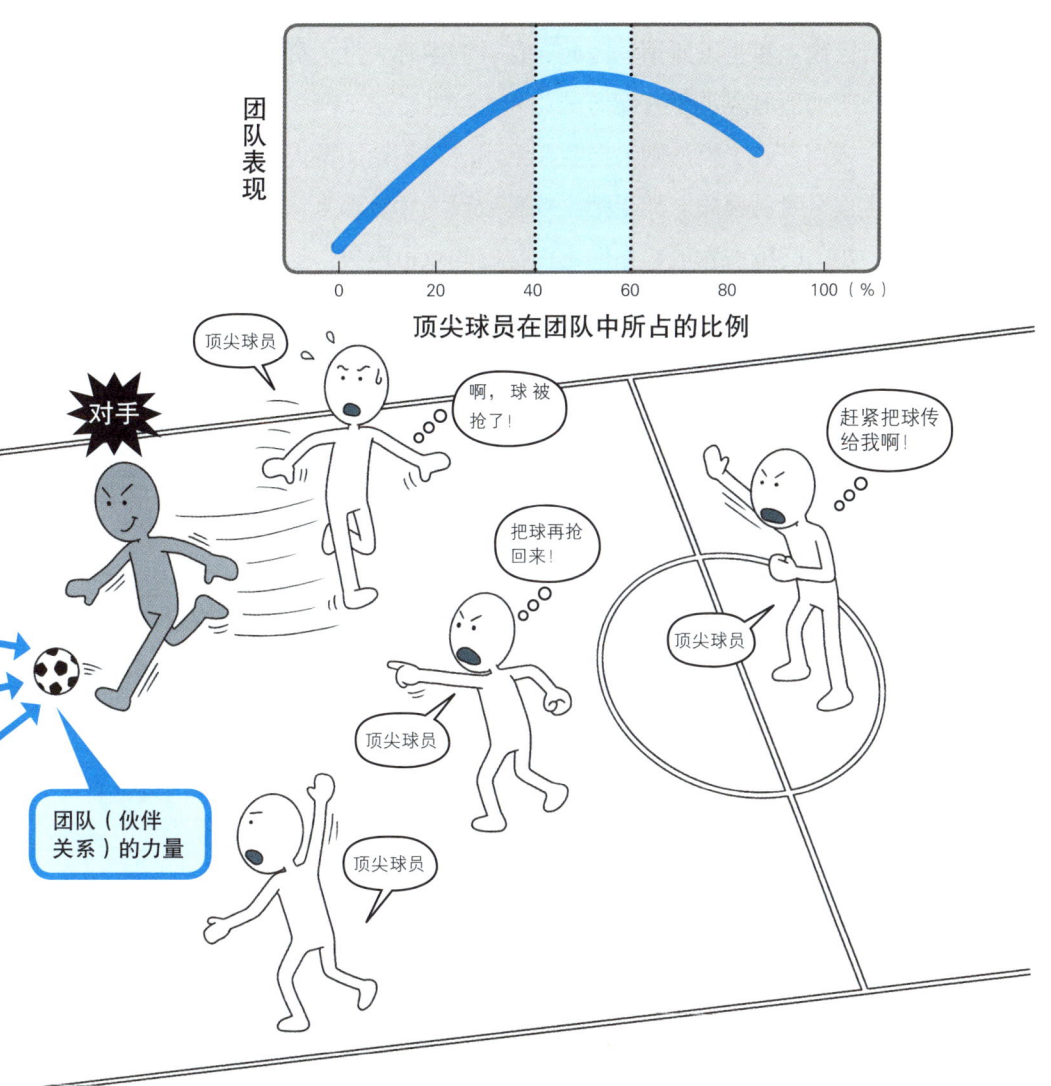

※为了便于理解，图中展示了我方队伍11人，对手队伍1人

关键词 → ☑ 过程损失

04 不是成员越多，组织的成果就越丰硕

在启动项目、招募人员的时候，盲目地扩充人数并不一定能带来好结果。在多数情况下，即使成员总数增加，项目整体的完成情况也并非能体现全体成员能力的总和。

组织规模扩大后，组织内部人员也会变得良莠不齐。如果成员数量过多，就会有人觉得就算自己偷点懒也无所谓。因此，在一些需要大批人员参与的工作中，项目的最终成果会不如所有成员个人能力的总和。这种情况下产生的损失被称为"**过程损失**"。另一方面，"工蚁法则"向我们展示了，不论团队人数多少，群体当中普遍存在的产生偷懒者的模式。如果把工蚁总数设为10，那么认真工作的蚂蚁占两成，工作中规中矩的蚂蚁占六成，偷懒不工作的蚂蚁占两成。这条法则同样也适用

在工蚁法则中可见一斑的团队成员内心活动

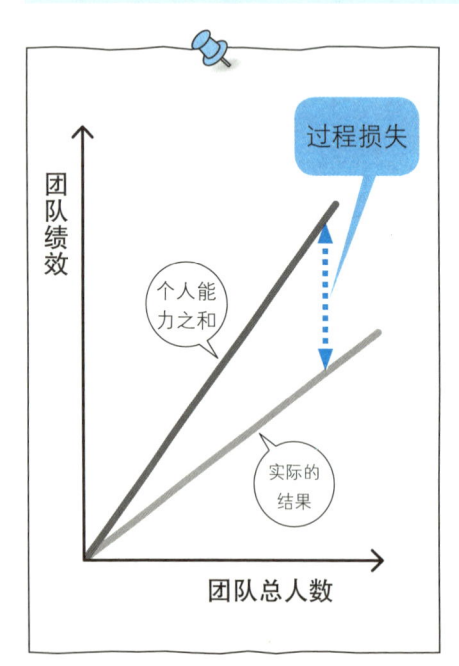

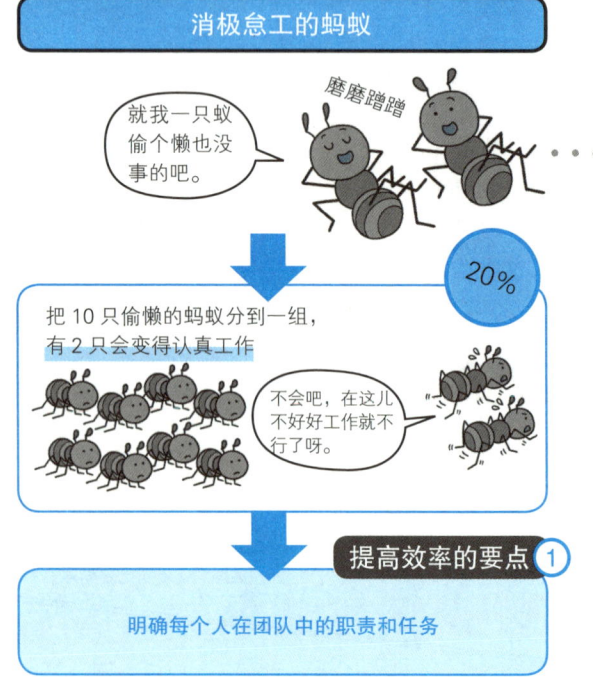

消极怠工的蚂蚁

就我一只蚁偷个懒也没事的吧。

磨磨蹭蹭

20%

把10只偷懒的蚂蚁分到一组，有2只会变得认真工作

不会吧，在这儿不好好工作就不行了呀。

团队绩效 / 个人能力之和 / 过程损失 / 实际的结果 / 团队总人数

提高效率的要点 ①

明确每个人在团队中的职责和任务

于人类组织，因此备受关注。

有趣的是，即使把10只认真工作的蚂蚁分到一组，小组内依然会保持2只蚂蚁兢兢业业、6只蚂蚁中规中矩、2只蚂蚁消极怠工的2-6-2比例。同样的，如果把10只偷懒的蚂蚁分到一组，也会有2只埋头苦干，再次显现出上述2-6-2的比例。虽然这样的模式并不是存在于所有的团队中，但包括人类在内的所有动物，心里都会同时存在"我一个人偷个懒也没事"和"这项工作没我就不行"两种念头。因此，一个合理的企业结构设计应当促使员工产生后一种想法。例如，让上司监察员工工作（对其施加社会影响），或是将部分员工安排到不可靠的团队里。

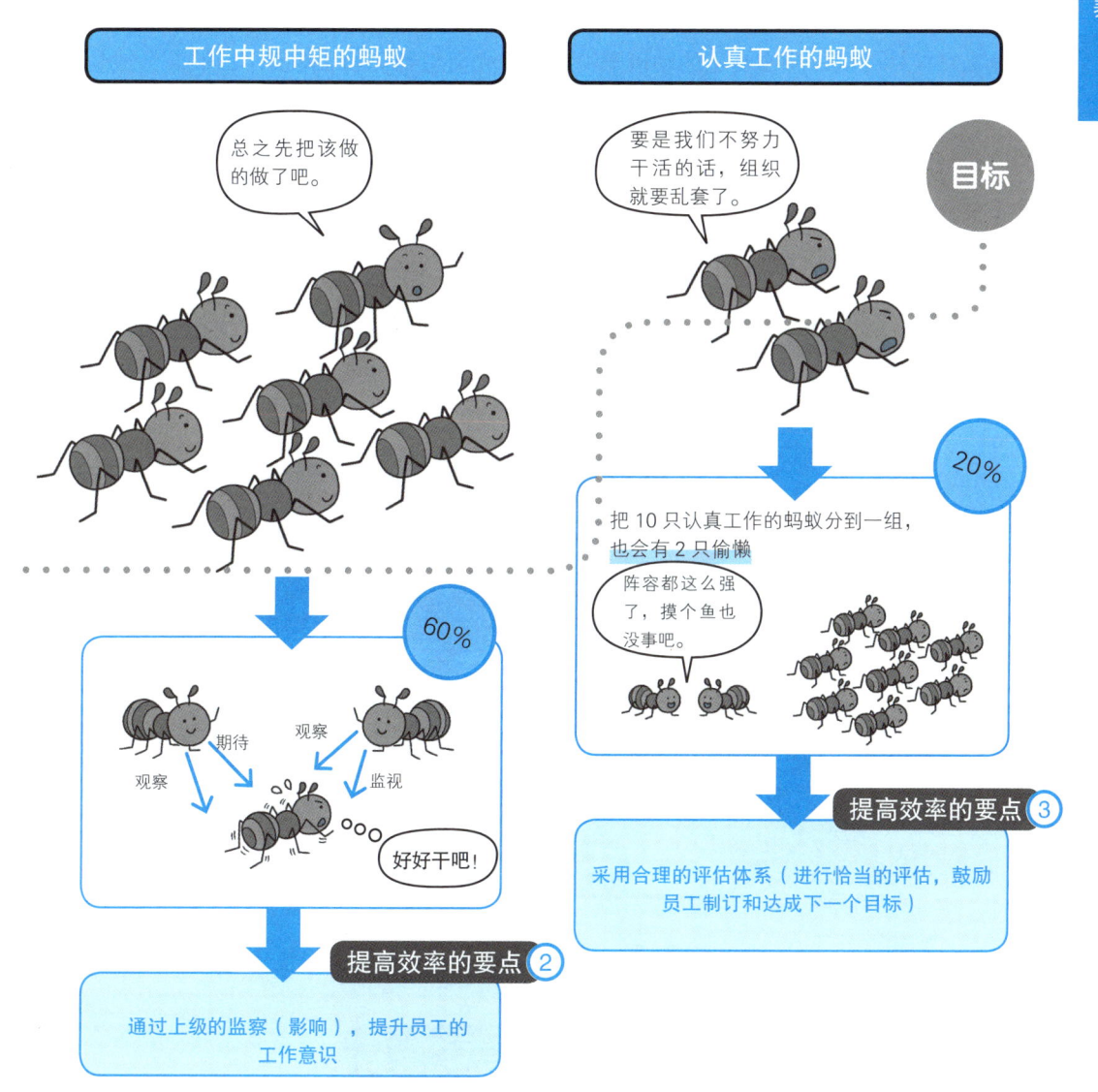

工作中规中矩的蚂蚁

总之先把该做的做了吧。

认真工作的蚂蚁

要是我们不努力干活的话，组织就要乱套了。

目标

20%

把10只认真工作的蚂蚁分到一组，<u>也会有2只偷懒</u>

阵容都这么强了，摸个鱼也没事吧。

60%

期待　观察
观察　监视
好好干吧！

提高效率的要点 ③

采用合理的评估体系（进行恰当的评估，鼓励员工制订和达成下一个目标）

提高效率的要点 ②

通过上级的监察（影响），提升员工的工作意识

1　组织心理学是下一代领导者的必备素养

关键词 → ☑ 工作动机

05 能够提高组织工作效率的，是金钱还是动机

想要提高组织的工作效率，关键在于提高员工的积极性。职场员工的积极性被称为工作动机。那么，员工的工作动机如何才能得到切实的提高呢？

员工的**工作动机**（以下简称"动机"）越强，组织的工作效率就越高。那么，有什么良策妙计可以激发员工的动机呢？我们首先会想到奖励（酬劳），然而金钱是无法长期维持动机的。那么，让我们先来看看人类需求的构成吧！人类的需求可以分为多个层级，成长需求属于人类的高级需求。拥有理想和目标，恰恰可以刺激我们的成长需求。员工达成目标时会产生成就感，而在自己的工作成果被上级认可后，其动力会愈发强劲。当目标达成后，员工的自我效能感得到提升，会产生"我能行"的信

与动机密不可分的人类需求

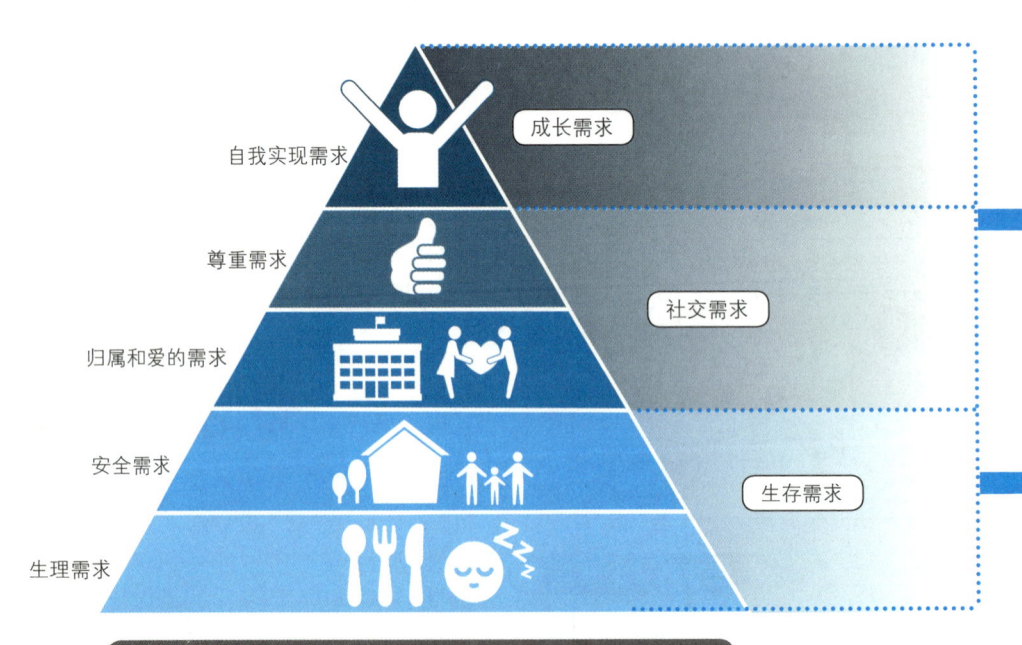

自我实现需求 —— 成长需求
尊重需求 ——
归属和爱的需求 —— 社交需求
安全需求 ——
生理需求 —— 生存需求

马洛斯需求层次理论

念，从而使他们敢于挑战更高峰。对于自我效能感较弱的人群，我们可以为其设定一些低层次的目标，循序渐进地引导他们为自己设定目标。

此外，赫茨伯格的双因素理论从两个维度分析了员工的心理。在该理论中，影响员工积极性的因素被分为"激励因素"和"保健因素"。包含薪酬要素在内的后者能够使员工维持工作，但无法直接起到激励员工的作用。因此，如果保健因素得不到满足，员工就容易产生不满；但即便保健因素基本得到满足，员工的积极性也无法被激发。管理者必须以满足保健因素为基础，努力满足激励因素。只有做到这些，员工才能安心地制订目标、做好工作，企业也才能协调运转。

赫茨伯格的双因素理论

激励因素（Motivator）
- 成就感
- 认可
- 责任感
- 晋升
- 成长
- 工作本身

保健因素（Hygiene factor）
- 同事关系
- 健康
- 工作条件
- 个人生活
- 与上级的关系
- 薪酬

关键词 → ☑团队

06 越有集体凝聚力的组织越能取得好业绩

组织是人的集合。因此，可以将其分为有凝聚力的和没有凝聚力的两类。人们都说，在商务活动和体育活动中，越团结、越有凝聚力的组织越能获得好成绩。这是为什么呢？

2019年，在日本举行的橄榄球世界杯上，高呼"one team（团结一致）"口号的日本队晋级16强。不同人种的各位队员为了同一个目标共同组成一支队伍，向胜利发起挑战，他们共同拼搏的身姿触动了台下无数观众的心。如何才能让队伍产生他们这样的凝聚力呢？首先，我们应该把组织看作一个"团队"。所谓团队，就是拥有一个共同目标（理想）的成员所组成的集体。团队可以指代组织内的小部门，也可以用来指代组织本身。团队领导应根据成员的才能为其分配职务，并积极地沟

团队是由有目标的一群人组成的

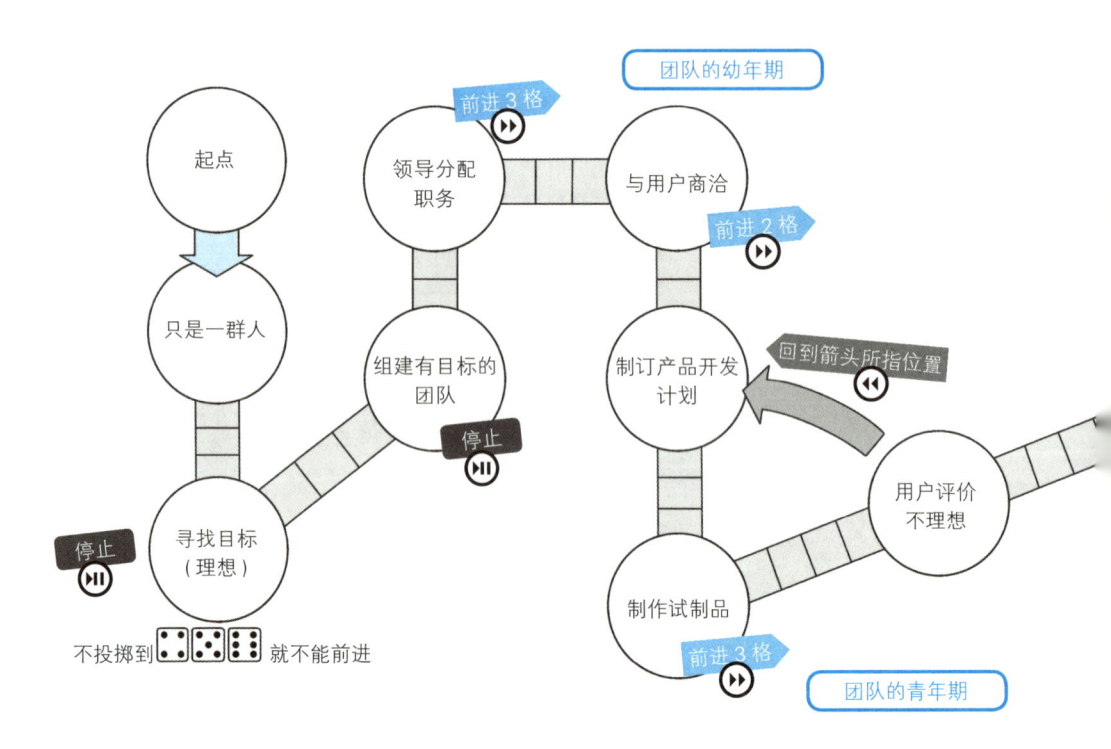

起点 → 只是一群人 → 寻找目标（理想）
不投掷到 ⚅⚅ 就不能前进
停止

组建有目标的团队 → 领导分配职务
前进3格

与用户商洽
前进2格

制订产品开发计划
回到箭头所指位置

用户评价不理想

制作试制品
前进3格

团队的幼年期

团队的青年期

通协调团队内外工作，使团队成员共享信息和知识。如此一来，团队就能产生凝聚力，在团队成员共享战略的同时也促成了团队协作。长此以往，团队成员就能保持较高的积极性。这样的团队就是一个有凝聚力的团队。

这样一个合作顺利、具有集体荣誉感的团队，无论在体育还是商业领域，往往都能取得优异的成果。但是，强行给团队灌输所谓的"凝聚力"将适得其反。这最终会导致成员对领导失去信任，团队凝聚力土崩瓦解。如果实在无法唤起团队成员的集体意识，那就不要强求，在进行各项工作的时候等待凝聚力自然产生，也是很有必要的。

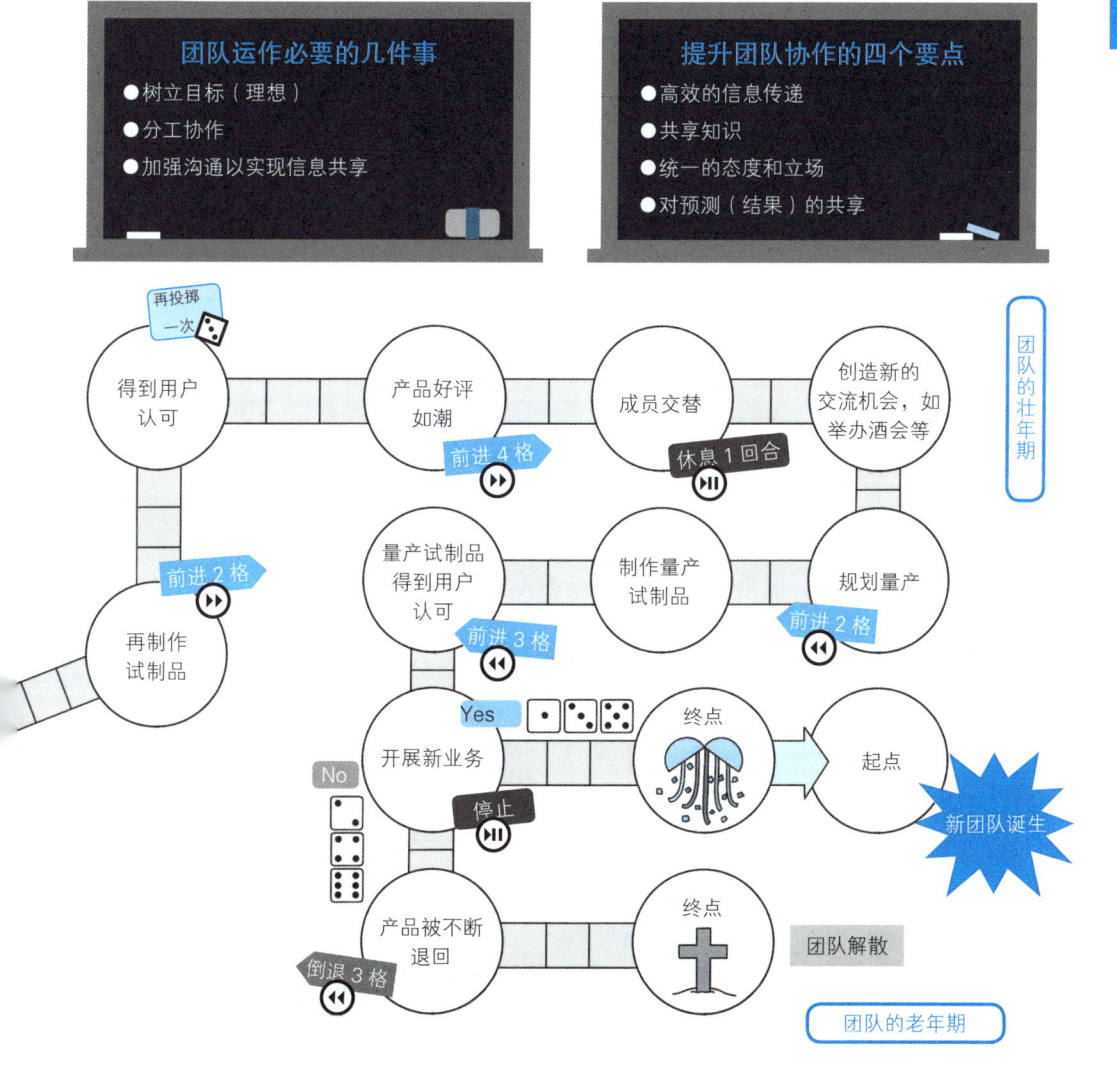

1 组织心理学是下一代领导者的必备素养

团队运作必要的几件事
- 树立目标（理想）
- 分工协作
- 加强沟通以实现信息共享

提升团队协作的四个要点
- 高效的信息传递
- 共享知识
- 统一的态度和立场
- 对预测（结果）的共享

团队的壮年期

- 再投掷一次
- 得到用户认可 → 前进2格
- 产品好评如潮 → 前进4格
- 成员交替 → 休息1回合
- 创造新的交流机会，如举办酒会等
- 再制作试制品
- 量产试制品得到用户认可 → 前进3格
- 制作量产试制品
- 规划量产 → 前进2格
- 开展新业务 Yes / No 停止
- 终点
- 起点
- 新团队诞生
- 产品被不断退回 → 倒退3格
- 终点 团队解散

团队的老年期

关键词 → ☑团队失误

07 如何防止组织的失误

正如"人为失误"一词所示，每个人都是会犯错的。组织则能够且应当发挥群体的优势弥补这些失误，减少整体的差错。但是，世上也存在一些群体特有的失误。

通常来说，想仅凭一人之力就完美无误地完成工作是十分困难的，因此，我们总是需要伙伴的检查和监督。然而不可思议的是，有一些错误恰恰是在群体中才会出现的。这种出现在集体内的失误被称为**团队失误**。有时即使组织内的成员检查出了错误，他也只会默默地想着："指出这个错误是不是不太好？我如果指出这里的错误会被上司针对吧？"只有身处组织内才会产生的这些想法，最终可能导致最后负责检查的员工产生"这份文件已经由众人过目，肯定没有问题了，不用我再行修

团队失误的原因

"人为失误"的五大要因

①思维定势 ②注意力分散 ③习惯性操作 ④轻率判断 ⑤信息收集失误

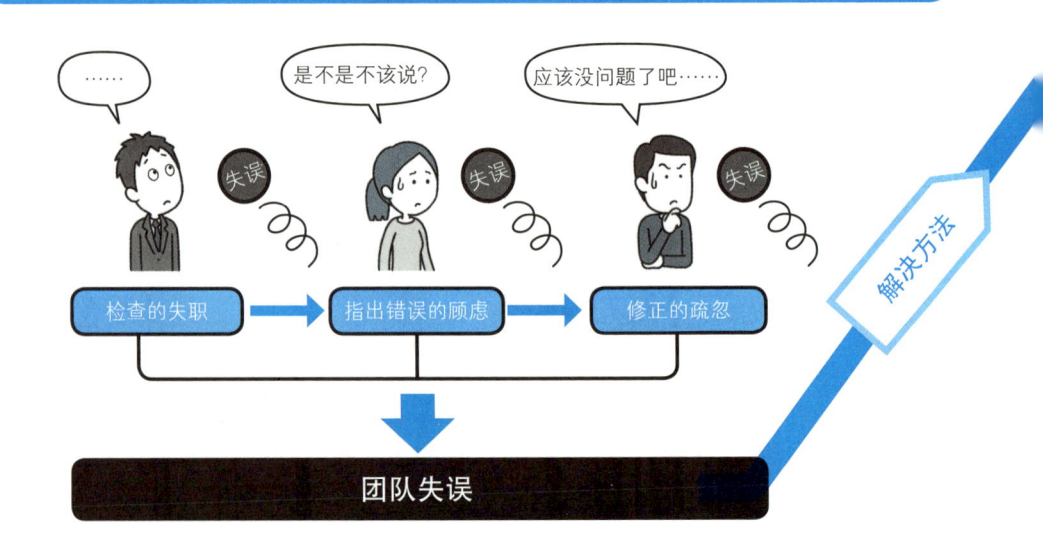

……　　　是不是不该说？　　　应该没问题了吧……

失误　　　失误　　　失误

检查的失职 → 指出错误的顾虑 → 修正的疏忽

↓

团队失误

解决方法

改"的修正失误。上述的这些失误产生的根源，就是身处团队之中的人类的特有心理。为了解决这些问题，我们要营造通畅而有效的企业沟通氛围，使员工可以轻松向同事或上司提出建议，而且所有人都能做到认真听取他人的意见或建议。

除了团队失误，人际关系的恶化也会对团队造成深远的不利影响。团队成员之间的冲突大致可以通过五种方式来解决，但只有通过"协作"才能够让冲突双方互相认可并产生收益。一个正常的团队很可能会持续合作很长时间，一时在冲突中感情用事，只会造成效率低下的恶果。为了使大部分的团队获得长久稳定且富有成效的发展，组织必须构建一个能让成员以积极心态进行协作的框架。

解决组织内部冲突的五种方法

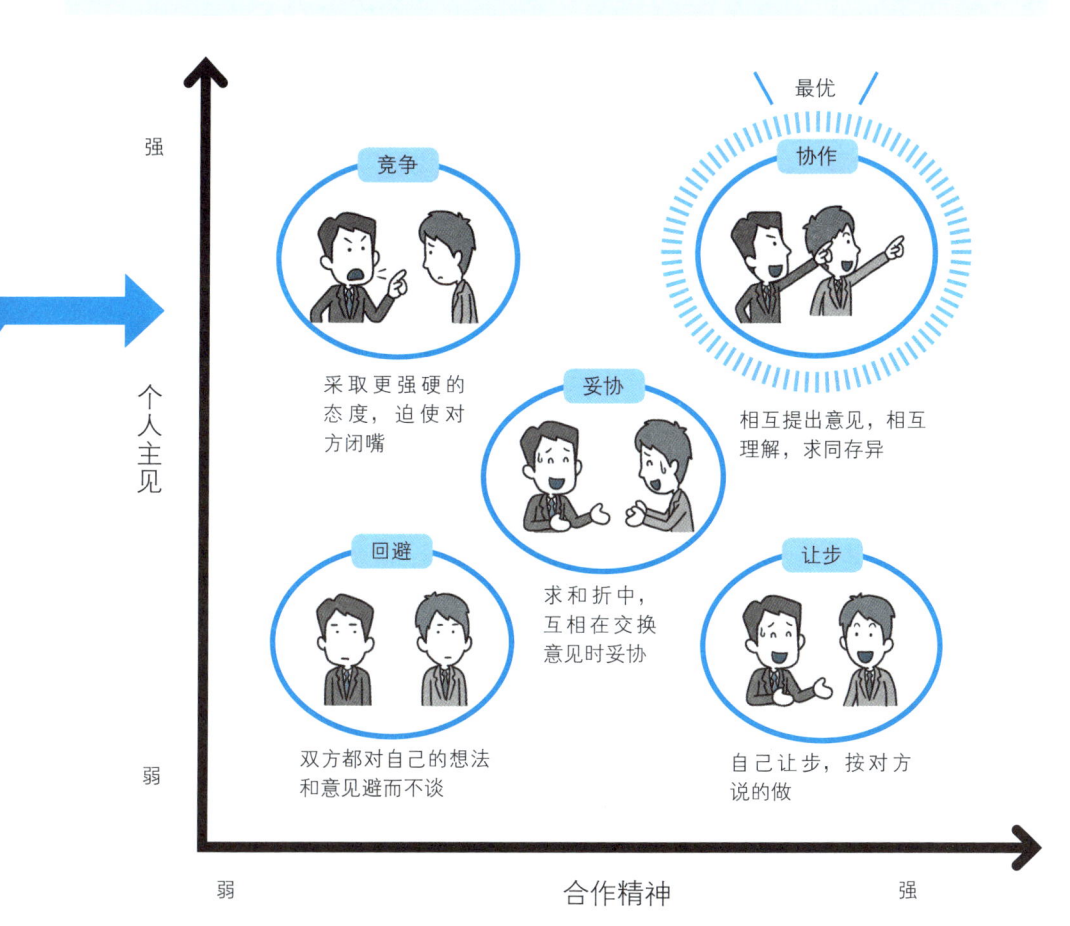

竞争：采取更强硬的态度，迫使对方闭嘴

协作（最优）：相互提出意见，相互理解，求同存异

妥协：求和折中，互相在交换意见时妥协

回避：双方都对自己的想法和意见避而不谈

让步：自己让步，按对方说的做

纵轴：个人主见（弱—强）
横轴：合作精神（弱—强）

关键词 → ☑ **教练、潜规则**

08 通过合适的教练提升员工的能力

在当下，人才培养是提高组织竞争力最重要的因素之一，而**教练**是其中的关键。通过合适的教练，员工的能力可以很好地被激发出来。

教练（coaching），特指一种能够提高下属等对象的主动性，最大限度发挥他们的能力及潜力，同时激励其实现目标的沟通方式。现代有许多公司都十分重视通过教练来培养人才。在企业中，教练主要由上司或老员工对新员工实施。

在教练过程中，重要的是表现出对下属的期望。在被周围的人寄予期待时，人类总会本能地想要回应，并在此过程中成长进步。这种现象也被称为皮格马利翁效

模拟游戏：如果由你来培养员工

为了成长，沿着这条荆棘大道前进吧！

我会适当给你指导的，放心。

针对疑问　建议

心怀期待　观察

教练的基础

认可　发现优点并夸奖

倾听　积极听取部下的意见

嗯嗯

倾听 & 共鸣

应。因此，领导在组织内应当对部下寄予厚望，倾听员工的声音、观察员工的工作并适时提出问题。然后一边给出建议一边引导对方说出心中的想法，在其取得成功时给予充分的认可，这才是最理想的教练。

在指导实践中，还需要向员工传授实际操作中的步骤和知识。这时我们需要向员工传授的，不仅是书本里的理论，更要有书里没写的、我们身体力行所学到的**潜规则**。此外，对员工进行指示、委托、建议、劝诫等时，我们有时需要表达热诚，有时则需要提供有力的凭据。上述的教练方式能够促使员工自己去探索和解决工作中遇到的难题，最终实现员工的个人成长。

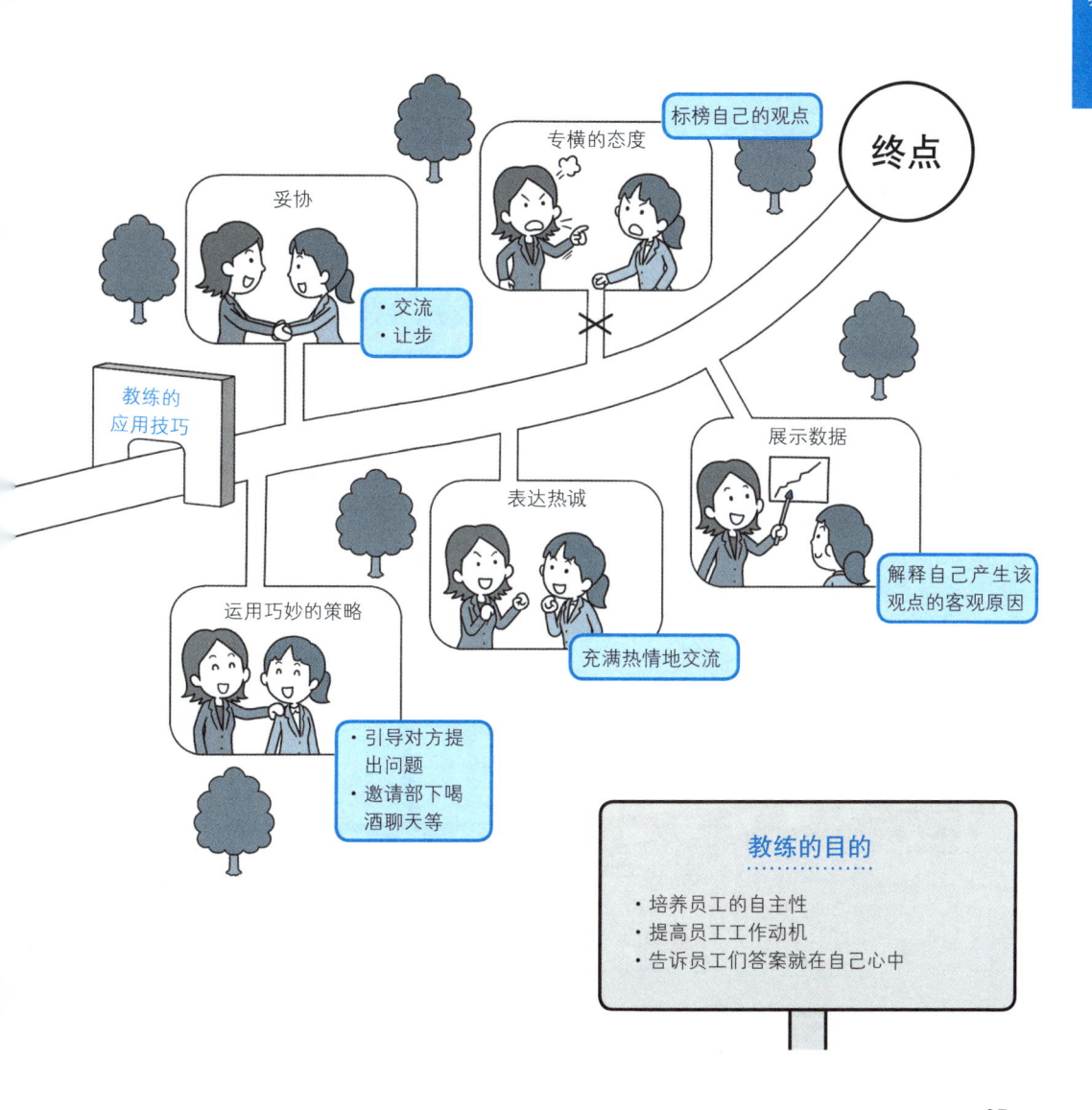

教练的应用技巧

- 妥协
  - 交流
  - 让步
- 专横的态度
- 标榜自己的观点
- 展示数据
  - 解释自己产生该观点的客观原因
- 表达热诚
  - 充满热情地交流
- 运用巧妙的策略
  - 引导对方提出问题
  - 邀请部下喝酒聊天等

教练的目的

- 培养员工的自主性
- 提高员工工作动机
- 告诉员工们答案就在自己心中

2

主导职场的群体和组织的本质

许多人似乎都认为——比起个人,组织能做出更好的决定。

但果真如此吗?

关于群体和组织的本质,让我们在此一探究竟。

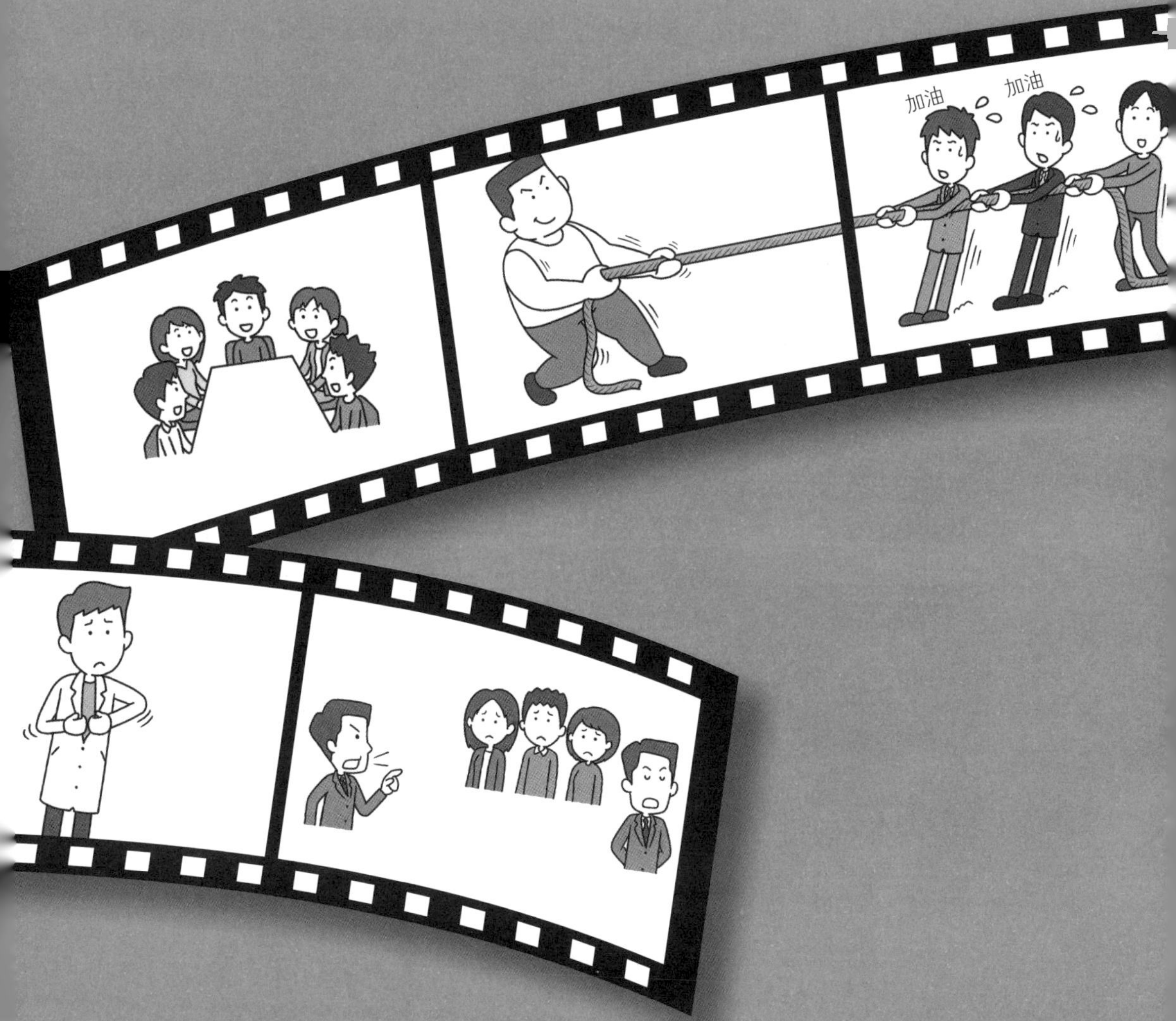
加油
加油

关键词 → ☑群体规范

01 群体的专有规则是如何形成的

一个群体有时会向错误的方向前进,甚至产生令群体外部的人讶异的错误。这是为什么呢?因为群体创造了独立的价值观和基于此价值观的规则。

群体以共有的价值标准为唯一正确的判断基准,因而会产生群体专有的规则。由此产生的群体专有规则被称为**群体规范**。群体的一个特征是很容易因为微小的事件而引起大的波动。社会心理学家穆扎弗·谢里夫通过一个实验研究了群体规范的产生过程。

在实验中,研究者让三名被试进入一个暗室中,并让他们看黑暗中的一个光点。当这三名被试分别进入暗室并分别被问及光点移动了几英寸时,他们的回答各不相同。事实上,光点并没有移动,答案应该是零英寸,但研究者收集到的数字却从小到大不等。接下来,当三个人并排进入暗室参与实验并同时被问及时,他们回

群体规范的产生的实验

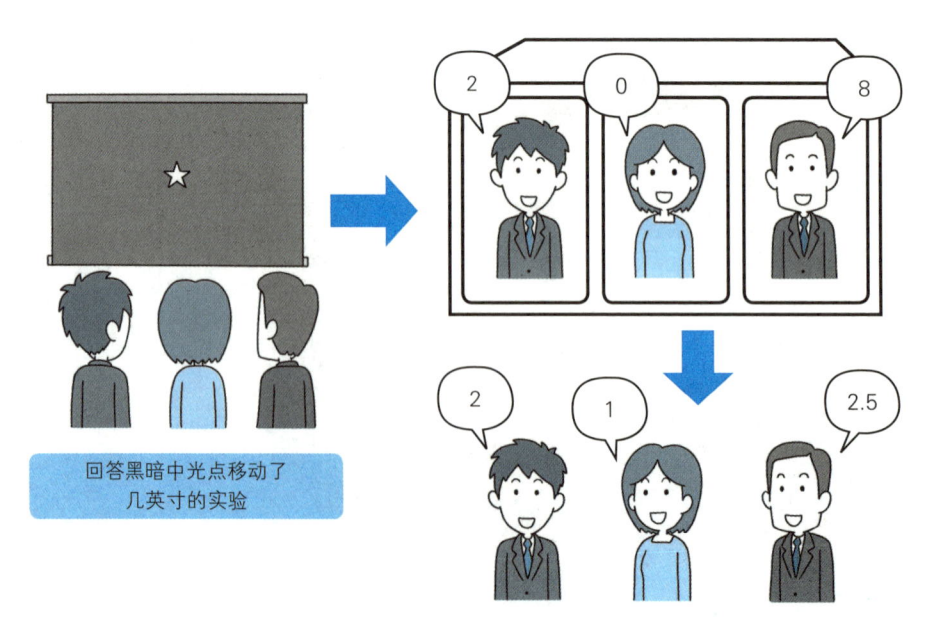

回答黑暗中光点移动了几英寸的实验

2　0　8

2　1　2.5

答的数字却差异很小。这表明，尽管个人的意见是独立的，但在一个群体中，他们会受到其他人意见的影响，差异会被补偿，从而形成一个群体的共同意见。这意味着，如果在被试中有一个有影响力的人，其他人就有可能跟随这个人的意见而得出极端的结论，这是具有危险性的。当群体规范很强时，有不同意见的少数派就会被排除在外。在理解了群体规范等组织规则的基础有多么薄弱和随意之后，我们可以知道，有时放松群体规范，提出更客观的规则，可以促进组织的进步。

群体规范的强大和脆弱

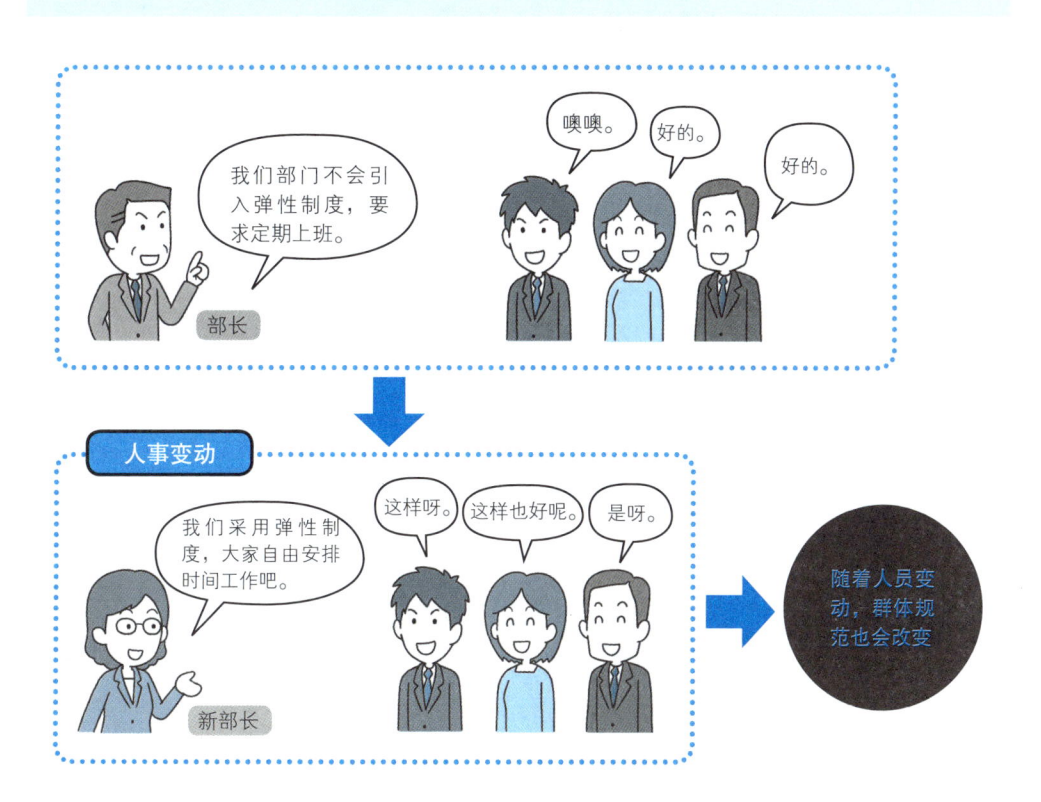

部长：我们部门不会引入弹性制度，要求定期上班。

噢噢。 好的。 好的。

人事变动

新部长：我们采用弹性制度，大家自由安排时间工作吧。

这样呀。 这样也好呢。 是呀。

随着人员变动，群体规范也会改变

群体规范受群体所属成员价值观的影响。例如，如果很多成员都认为，每个人都应该严格遵守工作时间，那么就很容易形成一个对迟到行为十分严格，同时对弹性工作制等持否定态度的群体，组织会促使群体成员遵守这些规则。另一方面，出乎意料的是，群体规范也会因人员变动等原因轻易改变。在了解了群体规范等组织规则的脆弱性和任意性之后，我们必须更加客观地思考，才能使组织走上进步的道路。

关键词 → ☑社会性权力

02 人服从于组织的机制

为什么人会服从于组织？当然，一个人的力量是弱小的，难免无法抵抗群体的力量。但众所周知，导致人们服从组织的机制十分复杂，原因众多。

即使是在小团体中，人们也往往是顺从于团体的。假设有一个喝酒的聚会，喝完一家后准备去第二家。你内心其实很想离开，但大多数人都要去，这样的气氛让你无法拒绝，所以你别无选择，只能加入其中……像这样违背本心，为迎合周围人而产生的从众行为被称为顺从（表面从众），另一方面，若是顺应心中所想而产生的从众行为，就被称为接纳（内心从众）。在企业中，更常见的是成员不得不表面从众的情境。在这方面，一个比较极端的例子是组织的不正当行为。有很多情况下，知道不正

关于艾希曼实验

接着是180伏特！
教师（被试）
呀啊——
学生（实验合作者）
表演

实验

① 被试扮演教师的角色
② 扮演学生的人是实验合作者，但被试不知道这一点
③ 教老师提问，学生回答错误时会受到电击（没有真正的电流，学生的尖叫声是表演出来的）
④ 学生每次犯错，电压都会增加，最终达到致死级别
⑤ 若教师试图停止实验，会有一位穿白大褂的权威博士告诉他"我们来负责任"，并劝告被试继续实验

结果 65%的人将电压提高到了最大值

当现象的员工想指出问题，却保持沉默，因为他们担心这样做会危及自己的地位，甚至导致公司的衰落。

这些潜在影响人们态度和行为的力量被称为**社会性权力**，艾希曼实验证明了这一点。艾希曼是一名纳粹高官，他实施了对犹太人的大屠杀。战后他在南美被捕，所有人都感到震惊——他看起来就是一个随处可见的普通男性，并不像是会实施种族灭绝的人。他说他只是在严格地执行上级的命令。在以他的名字命名的一项实验中，许多被试在权威人士的授意下对他人施加了致命的电压。这些社会性权力可以分为奖赏权力、强制权力、专家权力、合法权力和威望权力。这些力量甚至可以使正常情况下受过良好教育的善良公民盲目地服从上级的命令而犯下错误。

引发顺从的五个社会性权力

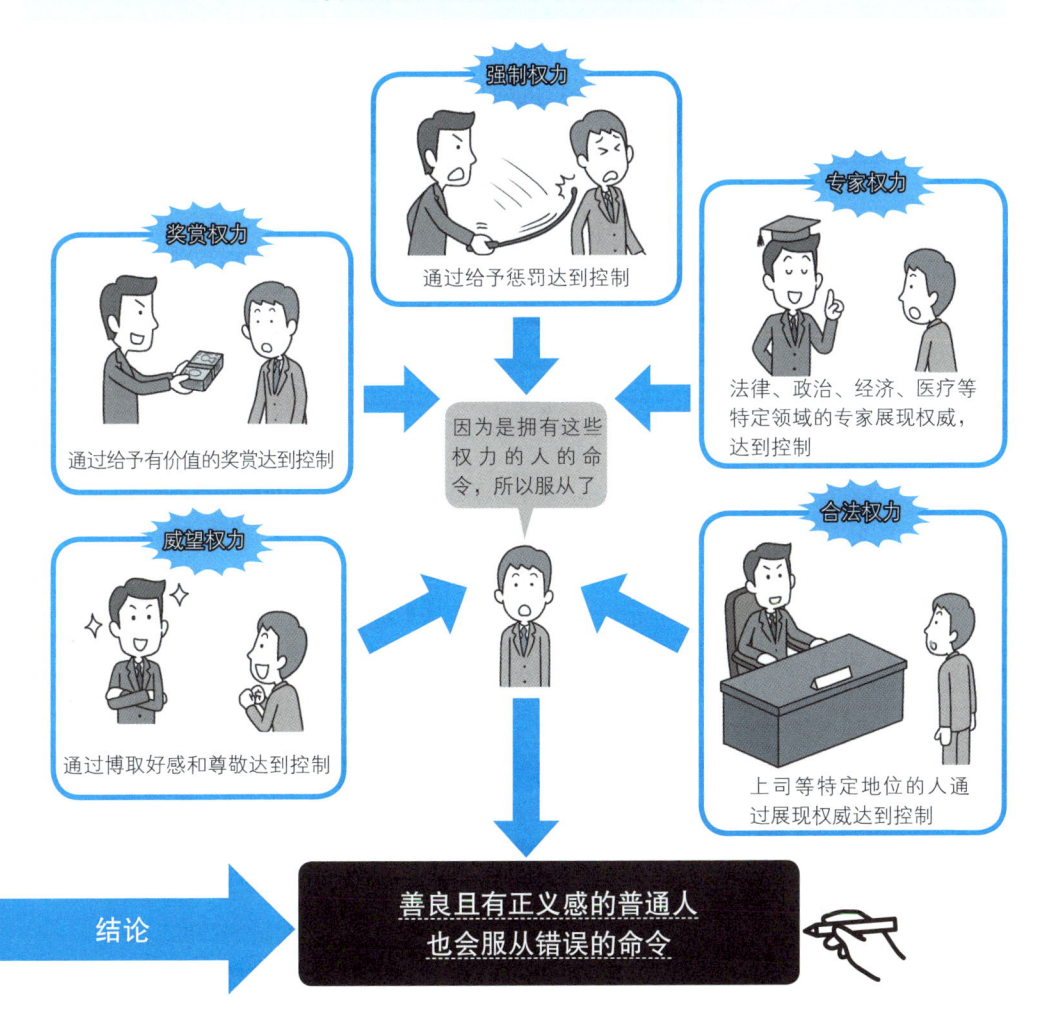

强制权力
通过给予惩罚达到控制

专家权力
法律、政治、经济、医疗等特定领域的专家展现权威，达到控制

奖赏权力
通过给予有价值的奖赏达到控制

因为是拥有这些权力的人的命令，所以服从了

威望权力
通过博取好感和尊敬达到控制

合法权力
上司等特定地位的人通过展现权威达到控制

结论 → 善良且有正义感的普通人也会服从错误的命令

2 主导职场的群体和组织的本质

关键词 → ☑ 社会促进、社会抑制

03 他人在场对自己的工作有什么影响

只要你在一个组织或团体中工作，便自然会注意到他人的存在。人们会受到他人的影响。有些人因他人在场而更加发愤图强，而另一些人则与之相反，更容易泄气。其中的缘由到底是什么呢？

在工作时，他人在场也影响着我们。社会心理学家特里普里特调查了在工作时有他人陪伴是否会更好。为此，他做了一个卷鱼线的实验。结果显示，两个人卷的线会多于一个人默默地卷。像这样，在工作时有他人在场会产生更好的结果的情况被称为**社会促进**。

另一方面，也有其他人在场产生负面效应的情况。例如，做报告时，有许多不

调查他人在场所产生的影响的两个实验

特里普里特的实验

A. 一个人卷鱼线

"没什么紧张感呀。"

↓

一个人不能卷很多

B. 两个人各自卷鱼线

"我不会输给你的！"

"有一起工作的人就变得刺激了呢。"

↓

一个人卷的量增加了

因为他人的存在效率变高了
社会促进

认识的员工在场会使人紧张得说不出话来。这就是所谓的**社会抑制**。社会心理学家马库斯的实验很好地证明了社会促进和社会抑制。实验中，被试在没有他人在场、有对他们漠不关心的人在场和有对他们感兴趣的人在场的情况下，接受了他们习惯的简单测试和他们不习惯的困难测试。他们在简单测试的情境中表现出了社会促进，在困难测试的情境中则表现出了社会抑制。要想将社会抑制转化为社会促进，个体拥有自信是必要条件。而为了实现这一点，努力提高能力和积累经验是很重要的。有些人在别人面前解释事情时有困难，如作报告。在这种情况下，有必要让他们熟悉自己的工作，并让他们逐渐习惯作报告。

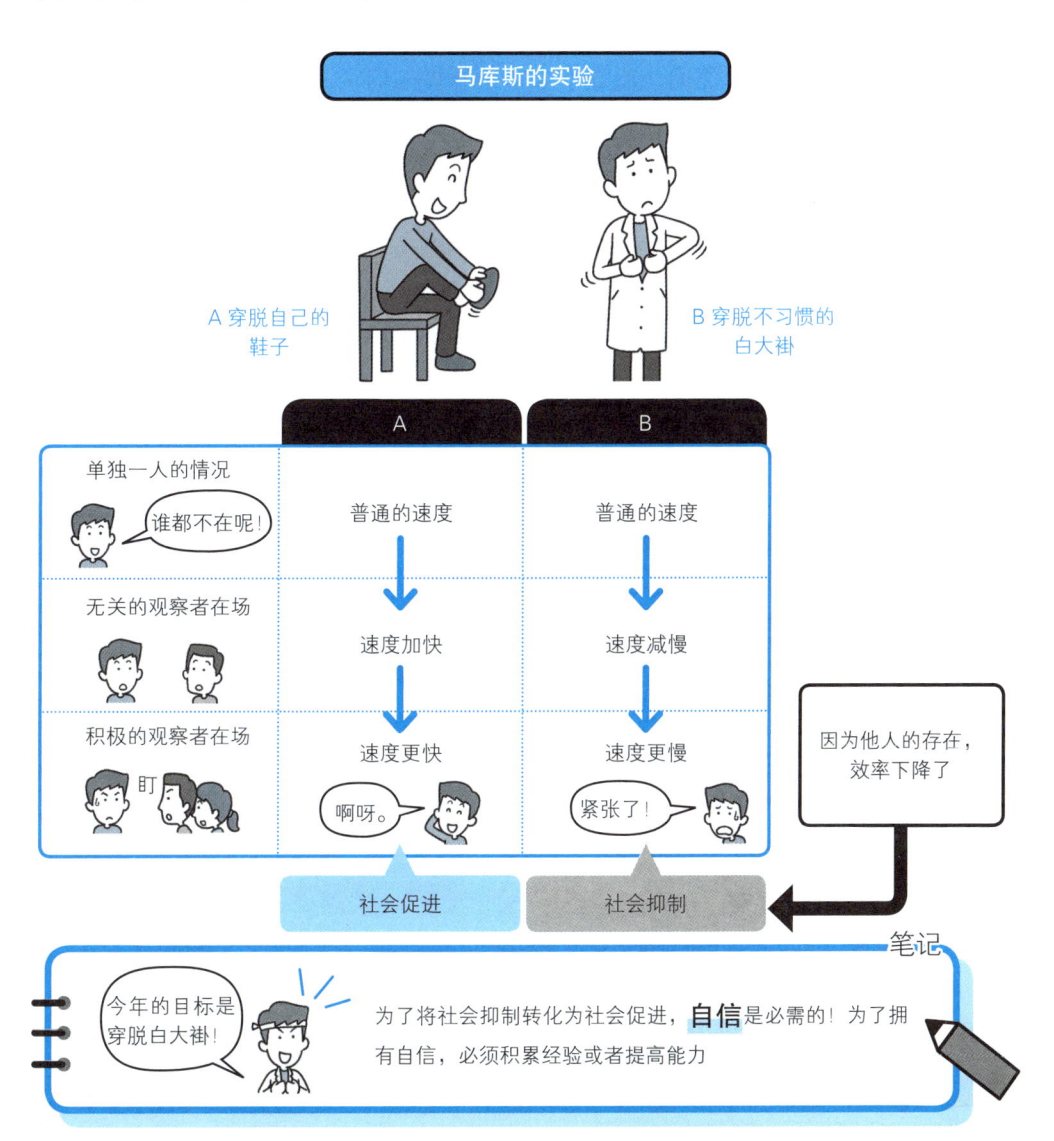

马库斯的实验

A 穿脱自己的鞋子

B 穿脱不习惯的白大褂

	A	B
单独一人的情况（谁都不在呢！）	普通的速度	普通的速度
无关的观察者在场	速度加快	速度减慢
积极的观察者在场（盯）	速度更快（啊呀）	速度更慢（紧张了！）
	社会促进	社会抑制

因为他人的存在，效率下降了

笔记

今年的目标是穿脱白大褂！

为了将社会抑制转化为社会促进，**自信**是必需的！为了拥有自信，必须积累经验或者提高能力

关键词 → ☑ 霍桑实验

04 提高组织生产效率的关键不是工作条件而是人际关系吗

如何提高工作场所的生产效率？关键在于员工的工作条件吗？良好的工作条件确实可以激发员工的动机，但心理学实验表明，这并非正解。

想要提高组织的生产效率，就要增强员工的动机，这是确凿的事实。为此，改善工作条件是很重要的。然而，心理学家霍桑所做的四个实验，即**霍桑实验**的结果表明，比起工作条件，改善人际关系更有效。

霍桑实验中的第一个实验是照明实验。霍桑认为，将工作时的灯光调亮，将会提高生产效率。增加照明的确提高了效率，但当照明再次变暗时，效率并没有降

调查生产效率提高的原因的"霍桑实验"是什么？

生产效率略低啊……

改善工作条件吧？还是说有其他的原因呢？

霍桑实验

1. 照明实验

（1）增加照明　明亮
好明亮！
生产效率上升

（2）恢复原来的照明（变暗）　昏暗
生产效率并没有降低

低。后来，考虑到工资和休息时间等工作条件改变的影响，他又进行了一个继电器组装实验，但这也没有导致生产效率的明显改变。随后他又进行了访谈研究，受访者相继表示自己的士气受到团队内部人际关系的影响。最后，作为电话交换机制造任务之一的继电器绕线组工作实验显示，工作现场自发形成的同事之间的非正式、小团体关系更有可能大幅影响生产效率。由此可见，改善工作场所的人际关系比改善工作条件更有可能提高生产效率！这并不代表工作条件不需要改善，但在一定条件下人际关系无疑是非常重要的。

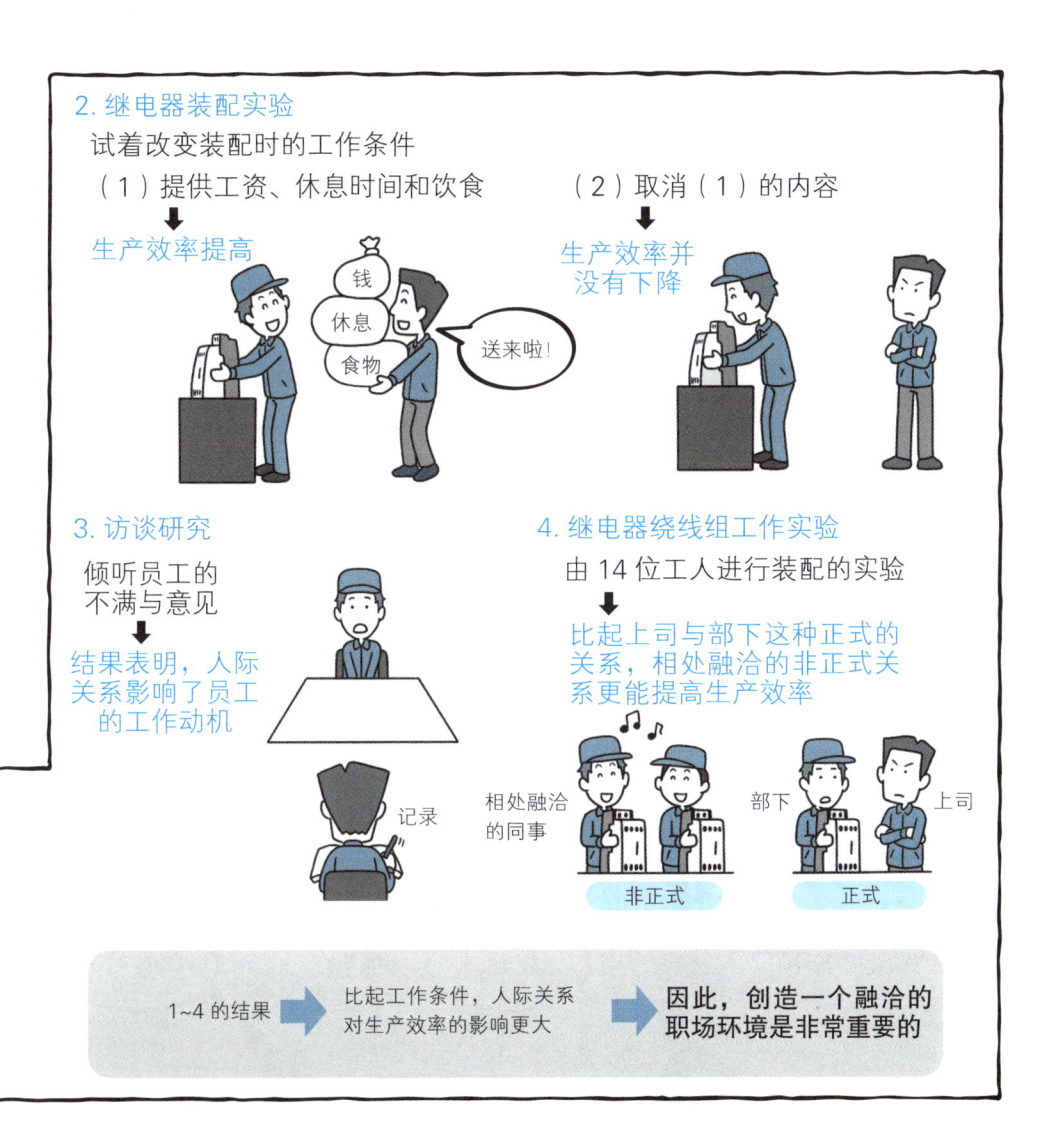

2. 继电器装配实验

试着改变装配时的工作条件

（1）提供工资、休息时间和饮食 → 生产效率提高

（2）取消（1）的内容 → 生产效率并没有下降

3. 访谈研究

倾听员工的不满与意见 → 结果表明，人际关系影响了员工的工作动机

4. 继电器绕线组工作实验

由14位工人进行装配的实验 → 比起上司与部下这种正式的关系，相处融洽的非正式关系更能提高生产效率

非正式：相处融洽的同事
正式：部下、上司

1~4 的结果 ➡ 比起工作条件，人际关系对生产效率的影响更大 ➡ 因此，创造一个融洽的职场环境是非常重要的

关键词 → ☑ 操作性条件反射

05 因为他人的评价改变自己的意见与行动

怎样才能让部下充分发挥能力，努力工作呢？人很容易受他人评价的影响。因此，称赞部下不仅可以激发他们的工作积极性，还能让他们学到怎样能做得更好，从而取得进步。可以看出，他人的评价至关重要。

心理学中有"**操作性条件反射**"这一专有名词。当箱子里的小白鼠明白按下某个控制杆就会获得食物的原理后，就会开始自发地按控制杆。这是它学会了如何获得"奖励"的表现。这种心理学现象被称为"操作性条件反射"。对于人类（特别是商业人士），自己提出的策划案若是被他人称赞便会自信满满。但是，一旦被他人否定，他们就会失去自信，并撤回或修改策划案。在操作性条件反射中，包含着代表"奖赏"的肯定意见，与代表"惩罚"的否定意见。但是，给予"奖赏"比给予"惩

操作性条件反射

反复试错后，了解了获得"奖励"的方法（条件），就能学会并反复进行同样的操作。

这样就能吃到食物啦！

哪种操作性条件反射在职场中最有用呢？

1. 他人意见带来的操作性条件反射

做得好！ → 我会更加努力的！

这是什么！ → 想放弃了……

罚"的效果更加立竿见影。心理学家伊丽莎白·赫洛克曾做过一个经典的心理学实验，她将小学生分为三组，给予第一组赞美与表扬，对第二组不断批评与斥责，对第三组则不管不问放任自流。实验表明，经常被表扬的第一组学生取得了最好的成绩。"要用表扬发展孩子的能力"，这句话不容置疑。虽然如此，也并不是什么时候都要给予"奖励"。也有实验表明，提供奖励的效果立竿见影，但一旦停止奖励，效果就会大幅下降。另一方面，"惩罚"也并不完全是一件坏事，被否定的员工会一度萎靡不振，但也因此学会了如何做才能被认可，得以精进。因此，培养下属的最好方式便是在给予"奖励"的同时，在适当的时候给予"惩罚"。

2. 赫洛克的实验

（1）表扬组 —— 最好的结果
（2）批评组 —— 不好的结果
（3）放任自流组 —— 不好的结果

3. 需要惩罚的理由

被斥责 → 一时萎靡不振 → 进行反省分析 → 重新提出并被表扬

> 操作性条件反射包含"奖励"与"惩罚"。虽说"奖励"的效果更好，但在适当的时候施以惩罚能达到更长期的效果

关键词 → ☑ 内部动机，外部动机

06 行为的目的从"价值"变成了"报酬"

提高下属工作积极性的方法有两种。一种是提供像"报酬"与"考核指标"这样外部的动机；还有一种是<u>内部动机</u>，即认可下属工作的积极性。如果<u>外部动机</u>起不到良好作用，将会适得其反。

有一个著名的关于工作积极性的实验，实验中研究人员分别让A组和B组解开同一组有趣的谜题。在A组中，解开谜题将会得到报酬；B组却没有获得任何指示。结果，A组的很多人都无法享受解谜的过程并且最终选择了放弃。B组的人则能长时间享受解谜。这是由于报酬这一外部动机的产生，阻碍了好奇心、乐趣、成就感等内在动机产生。这被称为破坏效应（undermining effect）。考核指标与截止日期等外部动机是产生破坏效应的主要因素。这样一来，行为的目的就从获得价值

你的下属是哪种类型

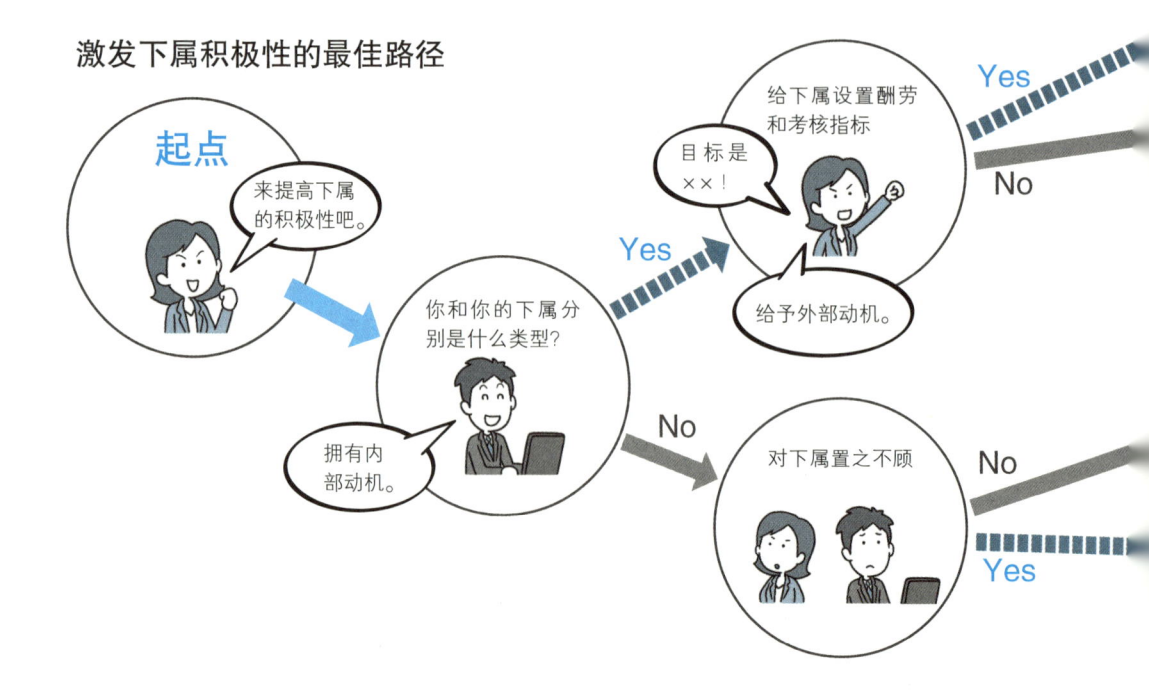

激发下属积极性的最佳路径

起点 → 来提高下属的积极性吧。 → 你和你的下属分别是什么类型？

- 拥有内部动机。
- Yes → 给下属设置酬劳和考核指标 目标是××！ → Yes / No
- 给予外部动机。
- No → 对下属置之不顾 → No / Yes

和成就感，变成了获得报酬，或者转变为逃避未完成工作指标会受到的惩罚，从而导致积极性低下。同时，自我肯定感下降，"被强迫"的感觉充斥内心，就会导致不能长时间保持动力。

与破坏效应完全相反的是促进效应（enhancing effect）。这一效应是指，给予拥有内部动机（如工作价值感）的人言语性的外部动机，比如称赞其工作方式等，从而不断提升其工作积极性。像这样认可并评价当事人的自主性，注意避免陷入破坏效应，才是最理想的人才培养状态。

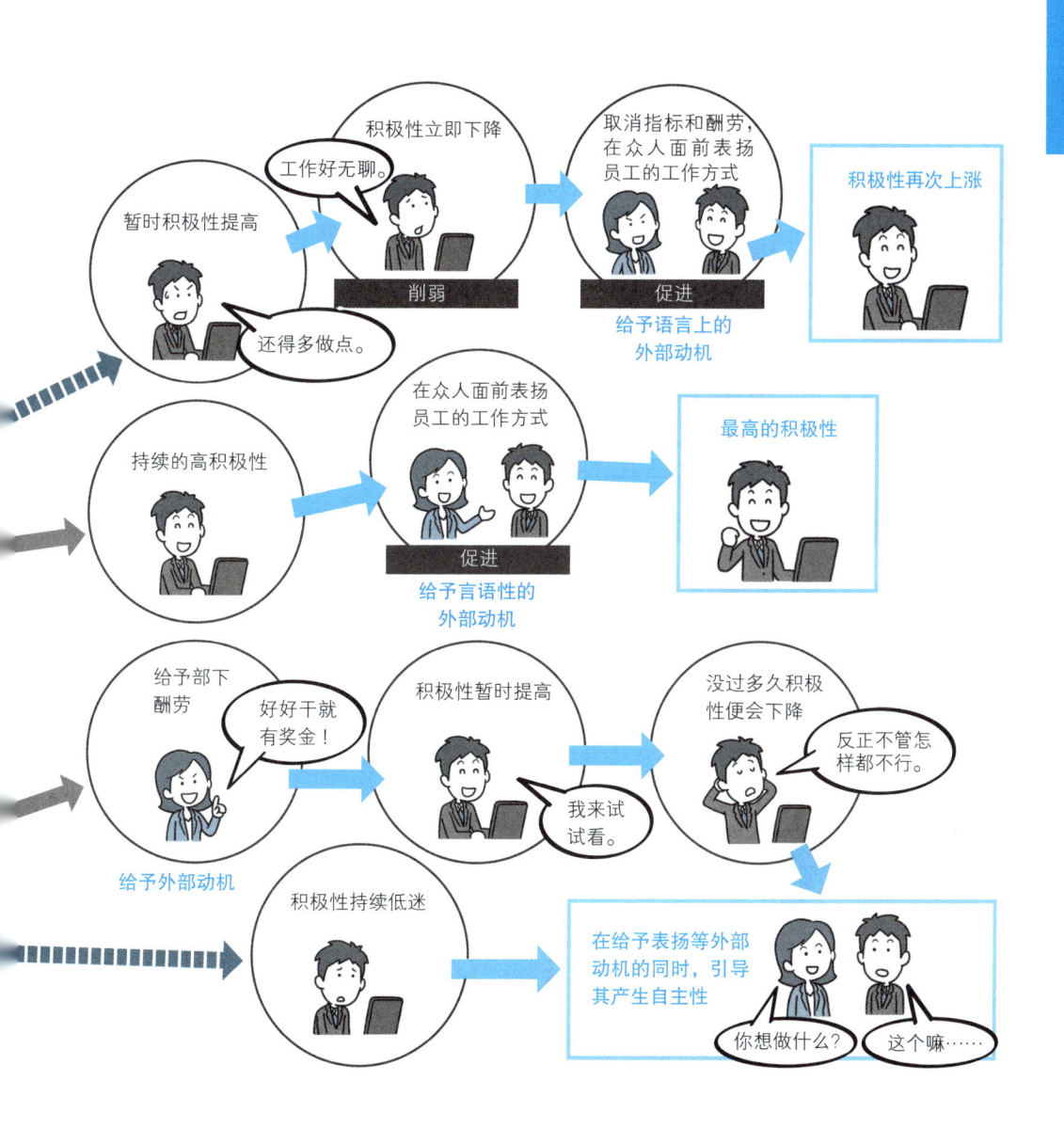

关键词 → ☑群体极化

07 集体的意见很容易变得极端吗

"三个臭皮匠,顶个诸葛亮"——在集体讨论中,从不同的视角提出意见,就真的能进行深入讨论,从而得到最好的结果吗?实际上需要注意,这种情况下有时反而会得出更肤浅、极端的结论。

很多人认为,在做决定的时候,集体判断会比个人判断更加稳妥。虽然有时确实是这样,但集体做决定时其实更容易得出极端的意见。在商业活动中,"头脑风暴"这种收集组织内人员的意见、产生创意的方法曾经备受关注。但是,其实集体提出的想法并不比个人多。这是因为,盲目组建的团队会偏离原本应该讨论的方向,或者是团队过度执着于某个创意,结果反倒是优秀的员工个人能做出更好的结果。

在集体中,如果有人赞同其中一个极端意见,其他成员也会像滚雪球一样闻风

集体的意见变得极端的过程

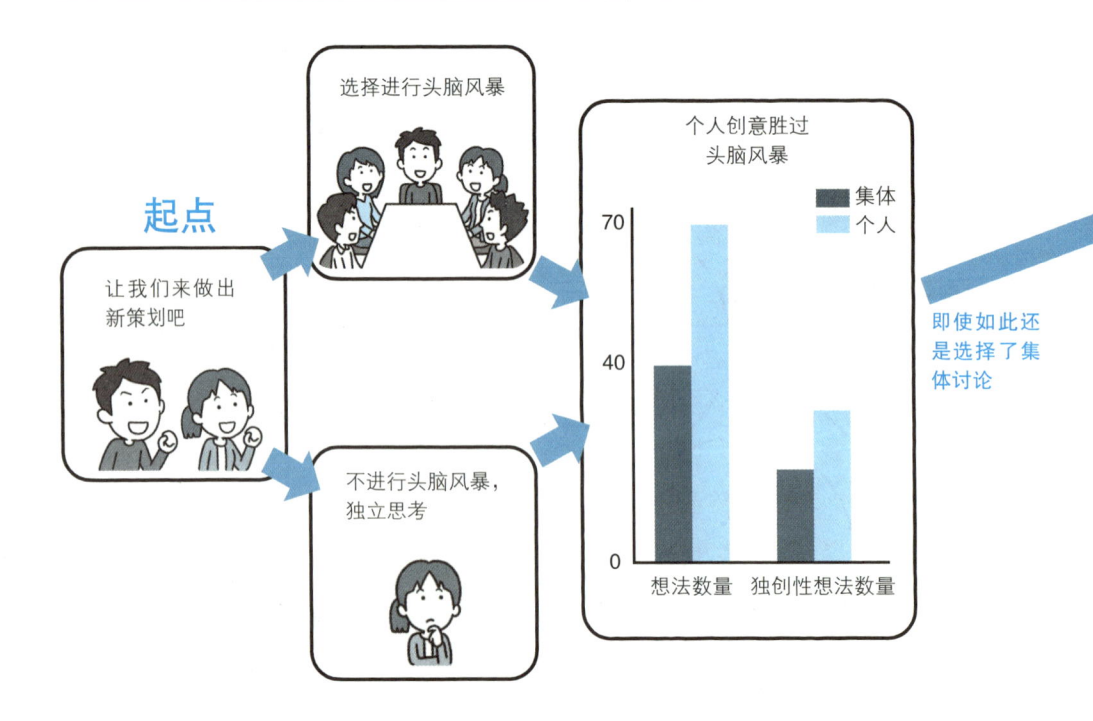

起点:让我们来做出新策划吧

→ 选择进行头脑风暴
→ 不进行头脑风暴,独立思考

个人创意胜过头脑风暴(集体 / 个人)
- 想法数量:集体 40,个人 70
- 独创性想法数量:集体约 20,个人约 30

即使如此还是选择了集体讨论

响应，最终导致集体得出极端的结论。这在社会心理学家詹姆斯·斯通纳的实验中也获得了证明。对于是否愿意选择高风险工作的问题，个人做出决定时愿意的人很少，但是在集体协商的时候愿意的比例就提高了。这种集体做出高风险选择的倾向，被称为"风险转移"（risky shift）。另外，集体有时也倾向于选择极低的风险，这被称为"慎重转移"（cautious shift）。这两种倾向被称为"**群体极化**"。回望历史长河，群体极化——特别是风险转移，曾导致过无数惨绝人寰的战争，可谓贻害无穷。

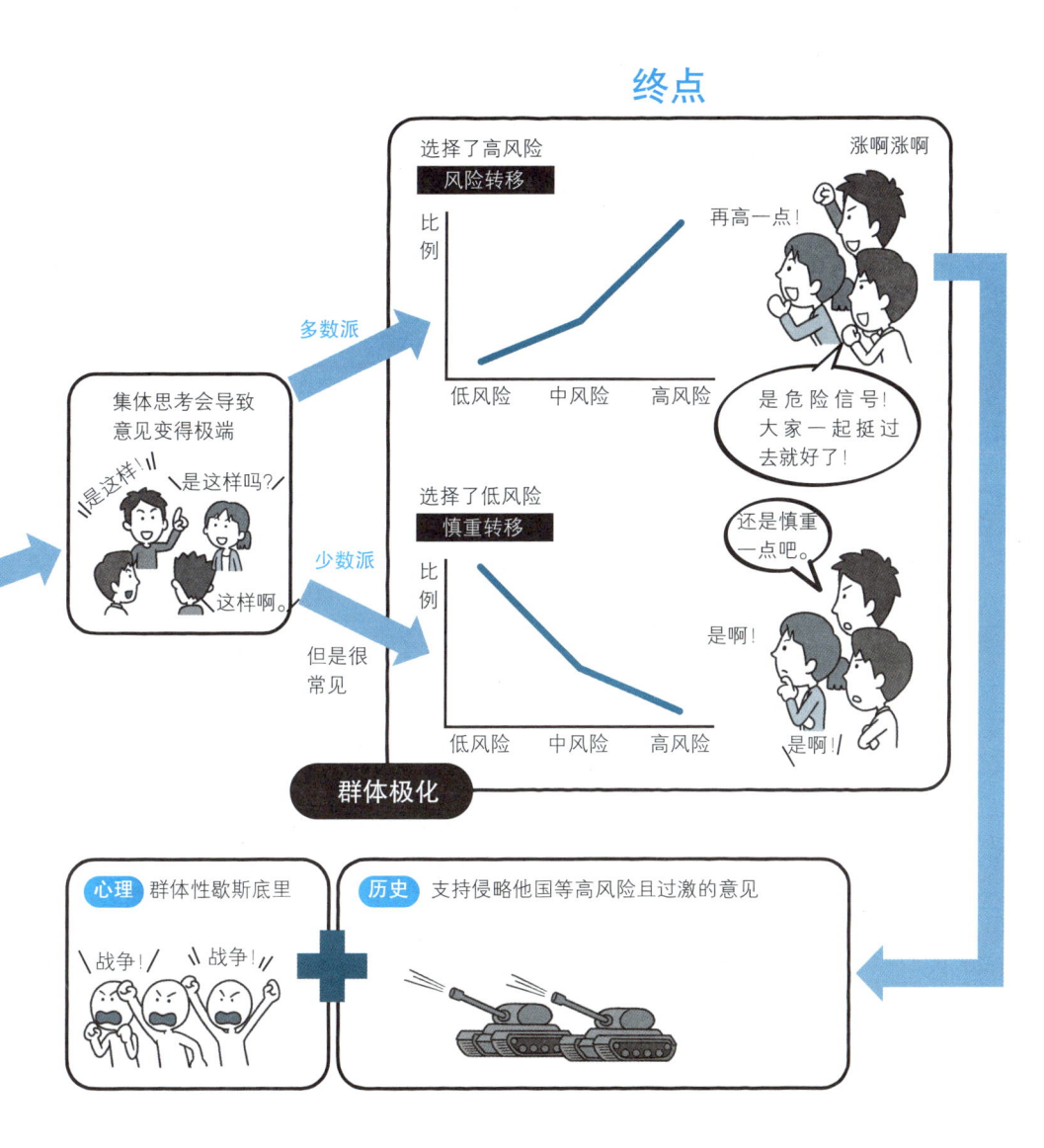

关键词 → ☑ **群体思维**

08 组织做出错误决策的机制

在前文中，我们已经介绍了群体会提出极端意见的情况。不仅如此，群体也往往会做出错误的判断。明明群体中的领导都是精英，又怎么会出错呢？

个人能做出正确的判断，群体却做出了错误的判断，这种现象被称为"**群体思维**"（group think）。这个概念由心理学家欧文·詹尼斯提出，原本是用于分析美国政治决策错误原因的概念。詹尼斯调查了越南战争、水门事件等事件中美国总统及其亲信的政策决定过程，从中发现了群体思维的特征。群体思维这一概念，不仅适用于政治领域，也适用于企业乱象频发的现代企业。

导致群体思维的原因有很多。一是对自己团队能力的过于自信。无论在政治领

导致群体思维的五个原因和症状

① 认为自己是正确、不会出错的

目前为止都很成功，所以不会有问题！

② 变得封闭，一意孤行，听不进外界的劝告

那个……　NO!

域还是在企业中，能独占鳌头的都是成功人士。他们大多自信满满，事实上，如果他们没有某种程度的自信，就无法制定政策。然而，如果毫无根据地盲目相信自己不会出错，反而会导致失败。同时，企业通常设有内部专家库，但是专家也并不是完美的。如果盲目相信专家，就会丧失独立思考的能力。同时，也会忽视外部的批判声音。无视宝贵的忠告，只在内部进行决策也是导致群体思维的一大原因。有时候企业甚至会倾向于屏蔽外界的所有质疑和批评，只采纳对自己有利的意见。这就导致企业内部的所有高层都压抑自己的意见，去迎合周围的人。以上这些因素导致了群体思维的发生。

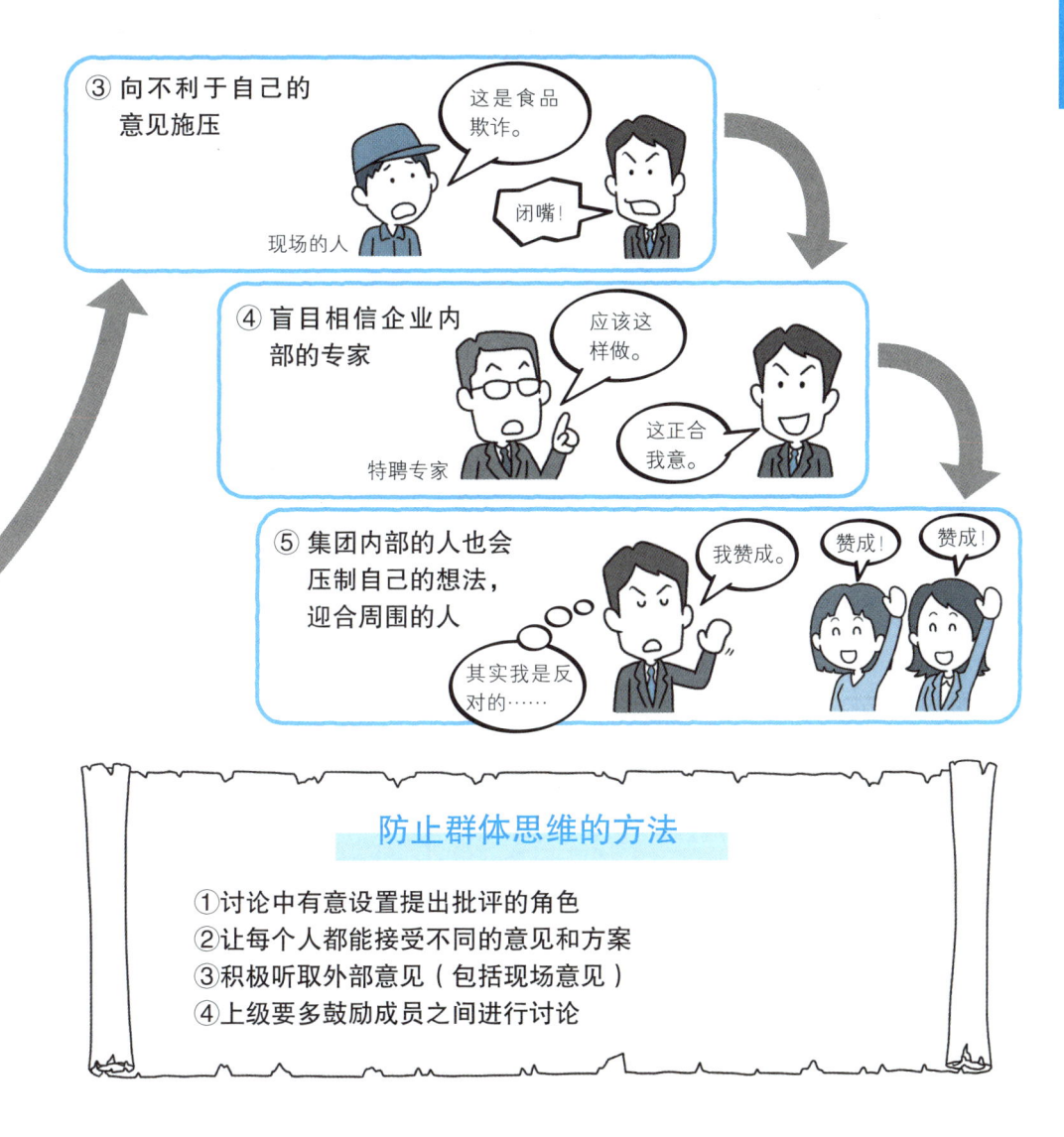

③ 向不利于自己的意见施压

这是食品欺诈。

闭嘴！

现场的人

④ 盲目相信企业内部的专家

应该这样做。

这正合我意。

特聘专家

⑤ 集团内部的人也会压制自己的想法，迎合周围的人

我赞成。

赞成！

赞成！

其实我是反对的……

防止群体思维的方法

①讨论中有意设置提出批评的角色
②让每个人都能接受不同的意见和方案
③积极听取外部意见（包括现场意见）
④上级要多鼓励成员之间进行讨论

关键词 → ☑ **心理滞留现象**

09 知道组织的判断有误，却久久无法撤回

前文中我们探讨了群体思维会导致组织误入歧途。那么，当我们意识到这些问题的时候，组织又该如何应对呢？当然，最好的方式就是承认错误，积极改正，但是组织却做不到。这是**心理滞留现象**在起作用。

组织的群体思维会导致组织误入歧途，这常常比个人误入歧途更加难以挽回。在组织中，有时会无法挽回某项已经被证明是错误的决定，这种现象被称为心理滞留现象。产生心理滞留现象的原因有很多，或是因为不想浪费已经投入的经费与劳力，又或是源于不愿承认自己错误的自尊。例如，在计划一个重大项目的时候，尽管有人对这个项目抱有疑问，但因不敢违背高层的意见，仍然启动了项目（群体思维）。结果销售额并没有增长，反而导致了严重的入不敷出。虽然大家都知道继续

为什么会产生心理滞留现象？

董事长："这可是关乎公司命运的重大项目！" 哦！

小A："好哇！好哇！" "这有很多问题啊。" 小B："但是董事长身先士卒，所以只能干了。"

陷入群体思维

启动项目："这是个划时代的项目！" "没问题吧……" "项目启动了。"

销售额没有任何增长 "现在正是忍耐的时候！"

项目会导致赤字进一步扩大，但考虑到高层的意见以及前期劳力的投入，不得不继续项目，最终导致赤字增加到无法挽回的程度。

为了避免心理滞留现象，组织必须要存在"恶魔拥护者"。如果组织中存在敢于提出批评的人，组织就能够及时改正错误。在日本职业足球乙级联赛（J2联赛）开幕战中落败的某足球俱乐部，正是因为球队中存在敢于批判教练的选手，使整个球队中的批评声此起彼伏，导致教练辞职。新教练上任后，球队大展身手，夺得J2联赛冠军并成功晋级J1联赛。"过则勿惮改"这句话放在现代依旧适用。

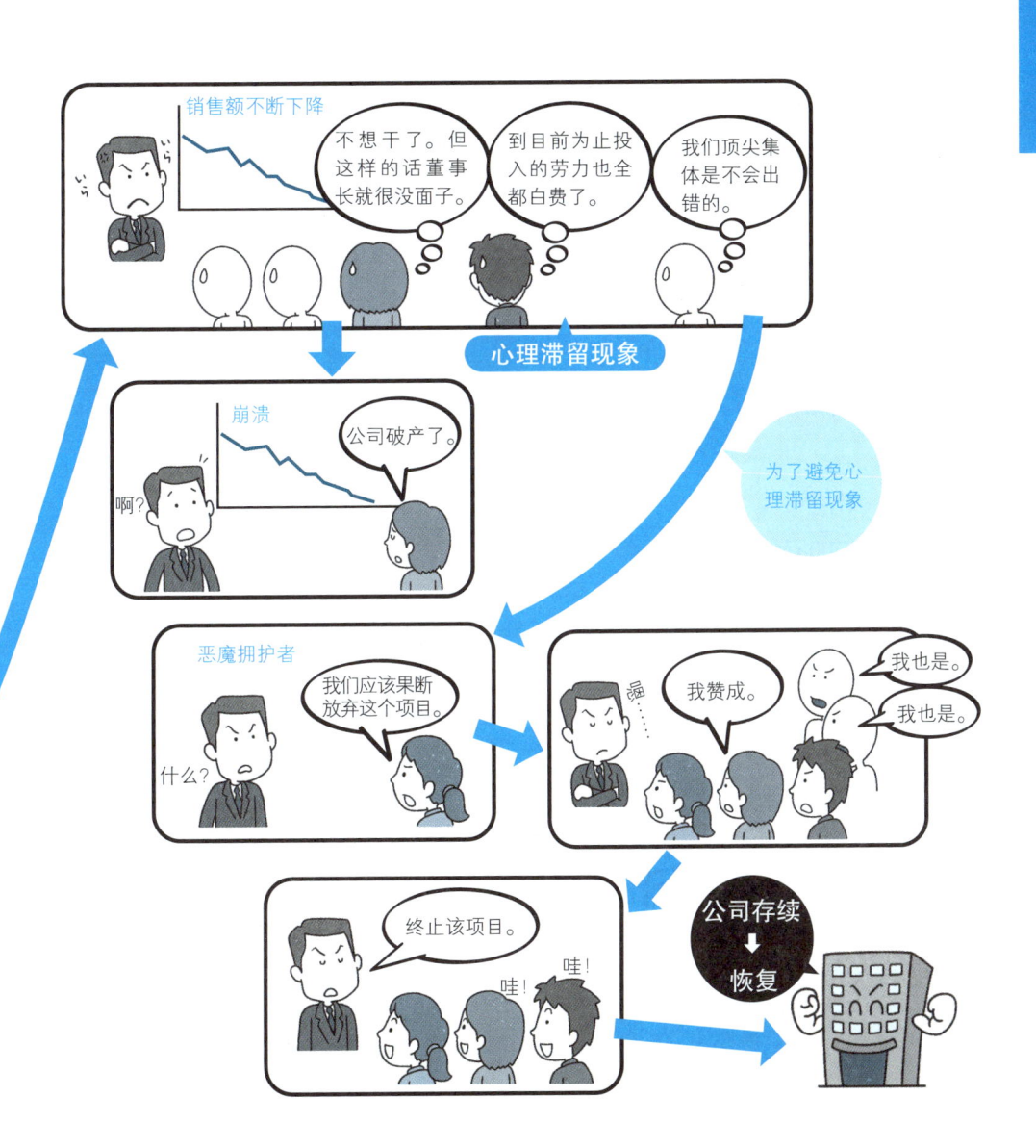

关键词 → ☑ 过程损失

10 群体判断劣于个人判断吗

相较于个人的独裁统治，民主政治是更加优越的制度。但是，群体有时也会在多种情况下产生失误。例如，未能达成一致而轻视难得的最佳方案，抑或是有成员因偷懒而犯下错误等。

一项实验表明，群体无法做出正确的判断。当一个五人团队接到一项课题时，若有一人提出最佳方案，则团队整体得出该方案的概率为73%，另有27%的概率会否定该方案。即使有二人提出最佳方案，团队得出该方案的概率仍仅为92%；当人数为三人时，则概率为96%；当人数为四人时，概率才会达到100%。该实验展示了群体是如何压抑成员个人的优秀判断的。群体无法充分发挥成员个人能力的现象，被称为"**过程损失**"。造成该现象的主要原因是群体未能很好地协调团队成员。举

表明群体能力劣于个人能力之和的两个实验（包括思想实验）

1. 五人团队解决课题

（1）五人团队收到课题

（2）一人得出正确答案
　　　我知道了。

（3）出现异议
　　　你不就是个普通员工吗？
　　　不可能是正确答案。

　　　干部的意见才是正确的吧。
　　　是呀。哇哈哈哈。

（4）导致错误（27%）

一个典型的例子，当有一人提出正确意见，但团队仍倾向于听取更具有发言权的成员的意见时，就会导致过程损失。该现象具体表现为，公司往往会优先采用干部的错误方案，而轻视普通员工的正确方案。这使得有些人放弃思考或执行有益于团队的意见，转而一味地迎合多数派。此外，群体讨论有时也会出现屏蔽优秀发言的情况。这类情况也与过程损失密切相关。

过程损失不仅会发生在做出判断之时，也会发生在工作中。一个公式表明，"实际生产能力=潜在生产能力-过程损失"。然而，群体也可以发挥出个人能力总和之上的力量，这种现象被称为"过程增益"。一个组织应以减少过程损失、提高过程增益为目标。

2. 拔河比赛中，一位能拉300kg的大汉 VS 能拉100kg的三个人

理论上双方力量均衡，实际上三人组却败给了对方一人，类似的情况很常见

（1）分享蓝图

（2）设计并实施成员的分工与评价制度

（3）每日进行充分交流

关键词 → ☑群际冲突

11 内群体与外群体的对立无可避免吗

只要没怀抱什么特别的不满，人们就会对自己所属的群体产生依恋与自豪，而对与之相对的外部群体持敌对心理。这种情况下，我们将自身所处的群体称作内群体，将外部的群体称作外群体。

从体育比赛的加油助威中可以明显看出，人们对内群体备加关怀，而对外群体怀有敌意，这就是群际冲突。一旦形成群体，群体内的成员就会自发将内群体全员视作友方，而将外群体全员视作敌方。这是为什么呢？社会心理学家谢里夫把一群少年分成两个群体，让他们分别进行集体生活。之后，当被告知对方群体的存在后，少年们都对另一个群体产生了敌对心理，而各群体内部实现了团结一致。身处组织内的人们，对自己组织的归属感往往高涨，并倾向于偏袒同组织的成员。

群际冲突的产生过程

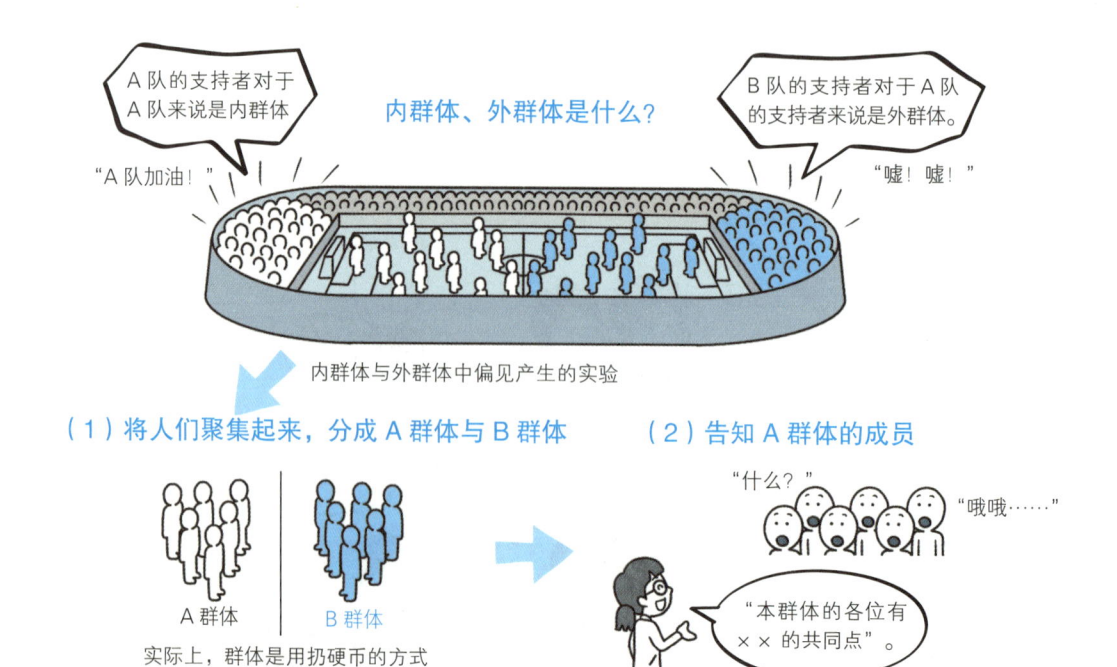

内群体、外群体是什么？

A 队的支持者对于 A 队来说是内群体
"A 队加油！"

B 队的支持者对于 A 队的支持者来说是外群体。
"嘘！嘘！"

内群体与外群体中偏见产生的实验

（1）将人们聚集起来，分成 A 群体与 B 群体

A 群体 | B 群体

实际上，群体是用扔硬币的方式随机划分的，但参与者不知情

（2）告知 A 群体的成员

"什么？"　"哦哦……"

"本群体的各位有 ×× 的共同点"。

对于国家及民族这一内群体怀有过度自豪感的人十分容易发展为极端民族主义者，进行歧视性仇恨犯罪等行为的倾向性也会提高。我们必须充分认识到，无论是外群体还是内群体，每个人同为人类这一事实。

此外，藤子·F·不二雄有一部短篇科幻漫画，讲述了一艘航行的宇宙飞船中出现了两个对立的群体，导致飞船陷入危机的故事。这时作为第三者的"反派"（其实是公司秘密雇用的）出现了。面对不停骚扰双方的反派，两个群体联合了起来。这表明当内群体与外群体面对共同之敌时，双方是有可能团结起来的。在商业领域，当组织内部产生矛盾时，可能可以通过公开对手公司等共同之敌的方式，使全组织团结起来。

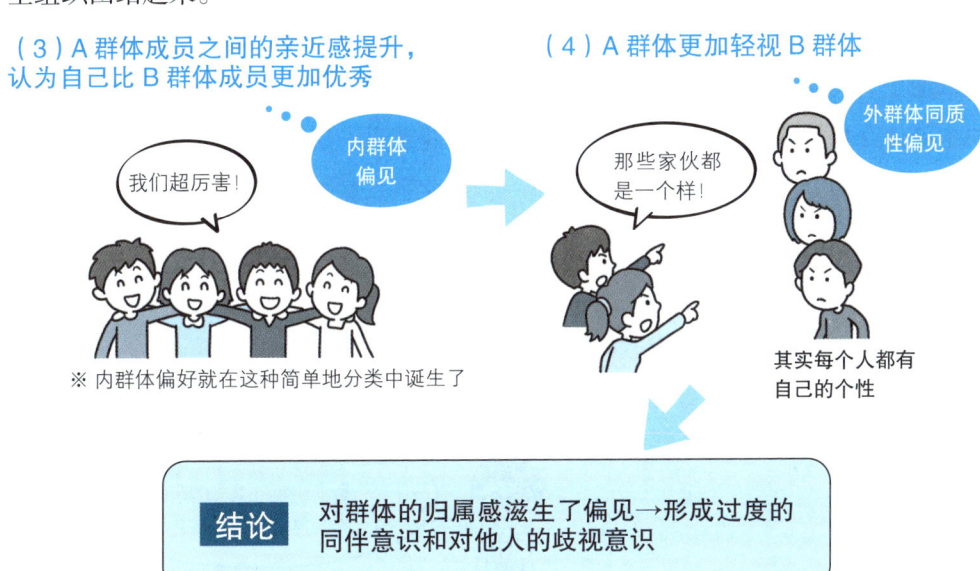

（3）A群体成员之间的亲近感提升，认为自己比B群体成员更加优秀

（4）A群体更加轻视B群体

内群体偏见

我们超厉害！

※内群体偏好就在这种简单地分类中诞生了

外群体同质性偏见

那些家伙都是一个样！

其实每个人都有自己的个性

结论 对群体的归属感滋生了偏见→形成过度的同伴意识和对他人的歧视意识

结果

体育运动
支持者之间的混战

社会
××滚出去！
仇恨犯罪
仇恨言论

企业
我们是完美的！
形成闭塞组织
产生群际冲突

关键词 → ☑ 上位目标

12 消除群体间对立的最优方法

上一个部分介绍了内群体与外群体的对立。一个人对所属群体的归属意识越强，就越有可能对外群体产生认知偏差，以至于产生对立情绪。以下几种方法可以消除这种对立。

上文讲到，社会心理学家谢里夫将少年们分为两组，并让他们分别以群体形式共同生活。结果，两个群体互相产生了敌对心理（群际冲突）。为消除二者的对立，谢里夫又展开了实验。最初，他让两个群体开展聚餐等交流活动。然而，由于两个群体互相抱有敌意，他们非但没有变得和睦亲密，反而爆发了互相辱骂、互扔剩饭等诸多冲突。结果，他们的关系进一步恶化了。基于此，心理学上的接触假说诞生了。该假说提出，仅增加不同群体间的接触只会深化其相互对立的关系。

外群体与内群体达成协调的过程

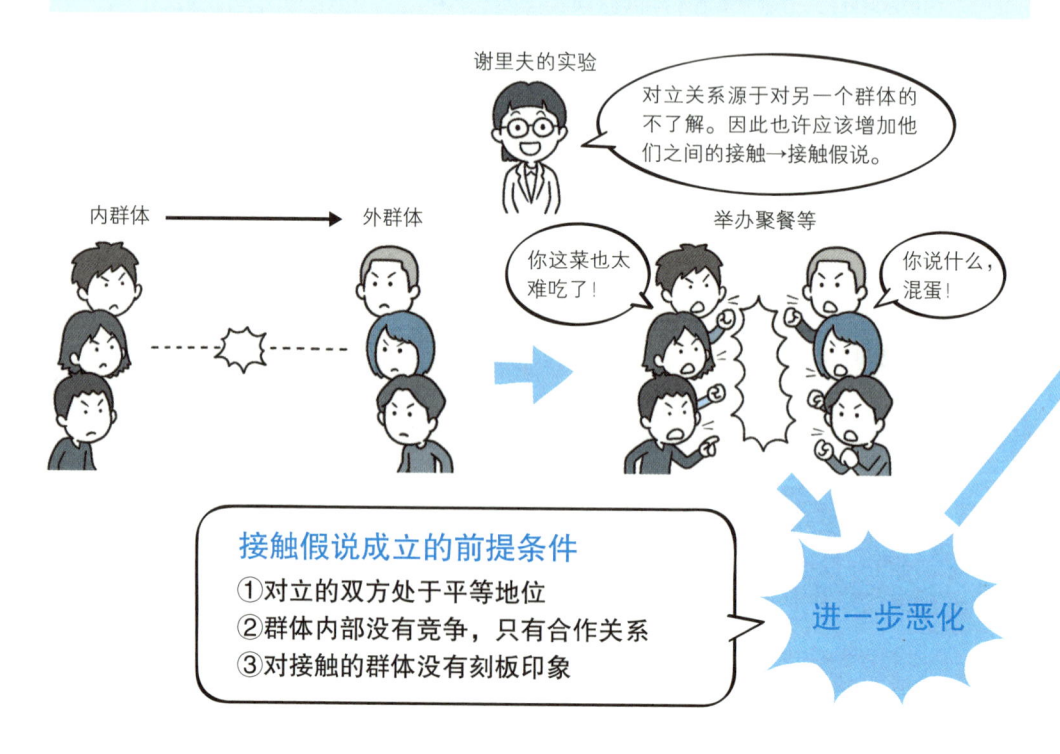

谢里夫的实验：对立关系源于对另一个群体的不了解。因此也许应该增加他们之间的接触→接触假说。

内群体 → 外群体

举办聚餐等

"你这菜也太难吃了！"
"你说什么，混蛋！"

接触假说成立的前提条件
① 对立的双方处于平等地位
② 群体内部没有竞争，只有合作关系
③ 对接触的群体没有刻板印象

进一步恶化

在此基础上，谢里夫又进行了另一项实验。他布置了一些单独一组无法解决的难题，如要求他们用绳子拉运送露营用水的卡车等。诸如此类的课题被称为**上位目标**。两组少年齐心协力面对难题，结果，在问题解决的同时，曾经互相仇视的他们不仅消除了敌对情绪，甚至建立起了友谊。设定一个不合作就无法完成的上位目标，便能缓解群体间的对立关系。第51页已经说明，当互相敌对的两个群体面前出现了一个共同的敌人时，二者的对立关系便宣告结束。因此，拥有必须应对的共同敌人，也可以视作一种上位目标。

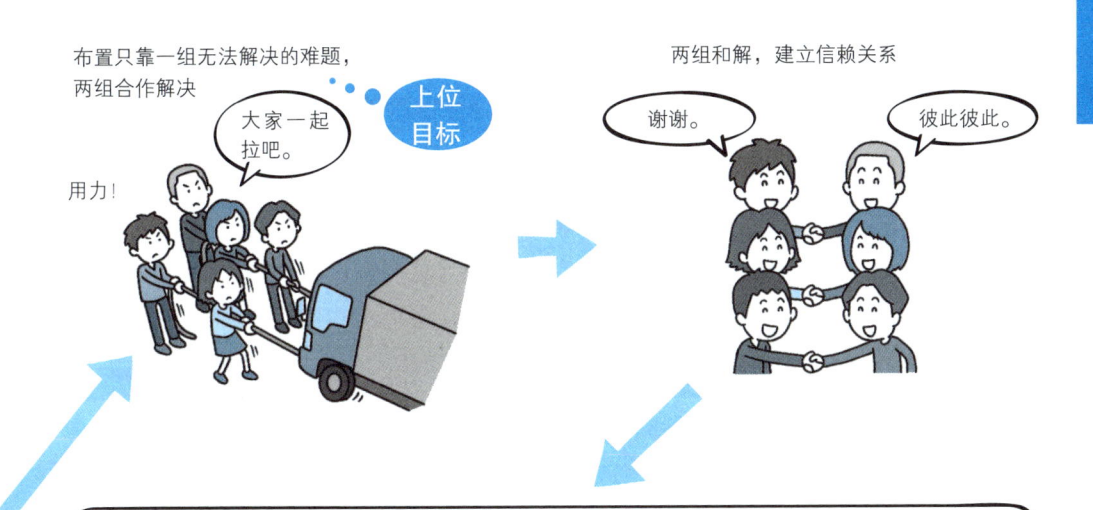

布置只靠一组无法解决的难题，
两组合作解决

上位目标

用力！

大家一起拉吧。

两组和解，建立信赖关系

谢谢。

彼此彼此。

如何改变内群体与外群体的对立关系呢？
①正视对方群体中的每一个人
②分析自己为何对所属群体抱有过度依恋，并考虑自己是否与所属群体存在矛盾
③考虑自己是否将从属于所属群体一事本身当作了目的

若仍然无法解决问题

+①与对方群体合作解决上位目标。
若无法马上开始合作，
则可以设定一个假想敌

那才是我们共同的敌人。

现在可不是吵架的时候。

2 主导职场的群体和组织的本质

关键词 → ☑社会同一性

13 人会通过确认所属群体的优越性来维护自尊

上至国家层面，下至人数不多的小团体，形成内群体的场合可谓是多种多样。不论何时，内群体成员都会倾向于去寻找自己比外群体优越的地方。有时，这也会导致双方的利益受损。

人或多或少都从属于某个群体。上至国家，下至省、市、镇、村。此外，还有企业与学校。企业中，有所属部门；学校中，有所属班级、社团，班中还有小组。在这样的内群体中，人会将所属群体等同于自己，把群体的成功视作自己的成功，往往还会将自尊心与群体联系在一起。因此，若所属群体受到批判，人就会如同自己被说了坏话一般生气。人具有"**社会同一性**"，即会通过所属的群体来定义自己。

内群体成员追求自身相较于外群体的优越性。这一点可以通过一个利用极其随

内群体偏好常见于很多场合

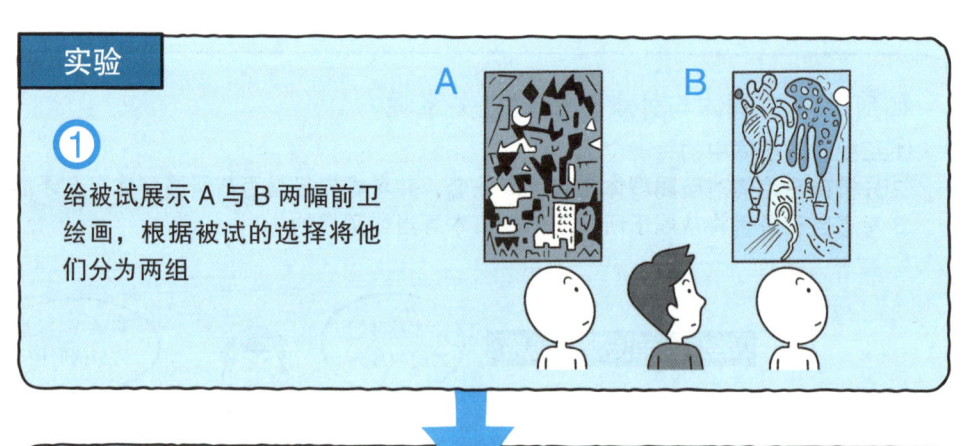

实验

① 给被试展示 A 与 B 两幅前卫绘画，根据被试的选择将他们分为两组

② 被分到同一组的被试也不能见面
（→完全由陌生人组成的群体）

选择了 A 画的 A 先生：虽说选择了 A，但不知道我的组员是谁。

意的方式进行分组的实验来证明。该实验的分组标准很简单，被试根据个人喜好从两幅前卫绘画作品中择其一即可。基于此，实验要求被试给所属群体与对方群体分配资金。不出意料地，被试们给所属群体分配了更多的资金（即"内群体偏好"）。实验为被试进一步提供了两个选项，其一是所属群体可以获得大量资金，但对方群体可以拿到更多资金；其二是所属群体只能获得少量资金，但对方群体能拿到的资金更少。对此，被试们选择了后者，他们宁可所属群体到手的资金减少，也要占据比对方群体优势的地位。从生产率的角度来看，这种现象会带来负面作用。对企业而言，拘泥于社会同一性不仅会对企业自身不利，还会在企业之间产生连锁效应，从而对业界整体造成消极影响。

③ 让 A 先生给 A 组与 B 组的每个人分配资金，并观察他选择如何分配
→ A 组的人拿到了压倒性的大量资金

分一大笔钱给 A 组！

内群体偏好

因为我是 A 组的。

明明只是碰巧分到 A 组而已。

④ 为 A 先生准备两个选项
（1）A 组收益高，但劣于 B 组
（2）A 组收益低，但优于 B 组

肯定选（2）！

拘泥于社会同一性

结果　以企业为例

收益下降，市场整体收缩。

对策

避免内群体偏好，寻求双赢

关键词 → ☑ 自证预言、皮格马利翁效应

14 人会顺应他人的期待，更容易达成目标

人是很容易受到他人评价影响的动物。越受到称赞，就越会成长；越受到贬低，就越会颓丧。同时，自己和他人的行动在很多时候都可能会因一则预言而发生改变，并最终使得预言成真。

"**自证预言**"一词看似神秘，但其实也不是什么大不了的事。例如，在2020年春天，新冠疫情导致口罩持续脱销之时，有预言称下一个脱销的商品是卫生纸。虽然这是一则毫无根据的预言，但它引起了部分群众的焦虑，最终导致垄断收购，卫生纸竟真的因此脱销。这属于消极的自证预言。积极的自证预言中，他人的期待是效果最显著的。

"通过称赞来鼓励下属进步"，这样的思路没有问题。这是第26页介绍过的**皮格**

人容易被他人的意见牵着鼻子走

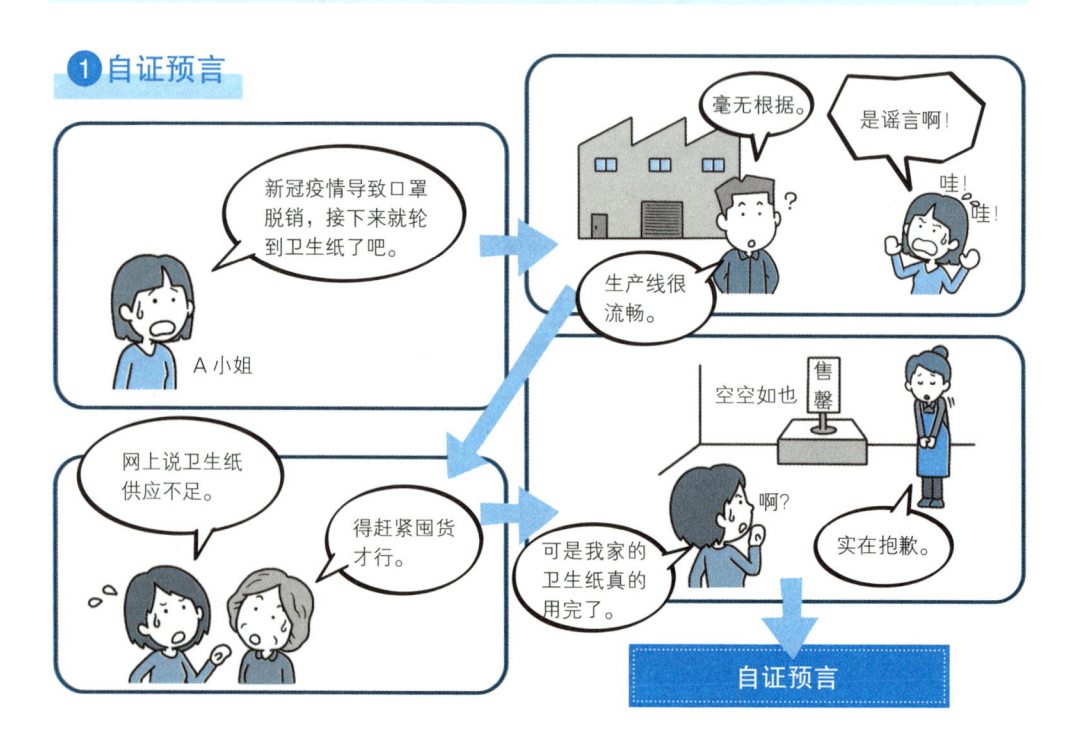

① 自证预言

- A小姐："新冠疫情导致口罩脱销，接下来就轮到卫生纸了吧。"
- "毫无根据。" "是谣言啊！" "生产线很流畅。"
- "网上说卫生纸供应不足。" "得赶紧囤货才行。"
- "可是我家的卫生纸真的用完了。" "空空如也" "售罄" "啊？" "实在抱歉。"

→ 自证预言

<u>马利翁效应</u>的应用。实验与现实都表明，在期待中成长的孩子会具有更强的能力。研究者将随机选出的孩子作为"未来可期的孩子"交给教师培养后，结果显示，被选出的孩子成绩比其他孩子都要好。在职场中，给予称赞与期待是培养下属的一大要领。给予期待能拉近下属与上司间的关系，提高下属的工作积极性，更能缩小下属与上司的心理距离。如此，二者沟通更加紧密，也能减少合作失误。下属取得了进步，上司提高了指导能力，公司整体也能收获成长。但是，在培养下属的过程中，也应当考虑其能力，安排与他的能力适配且他能够完成的任务。此外，还应避免过度表扬，否则可能会导致下属性格歪曲或是蒙混过关。因此，重要的是适度给予期待。

❷ 皮格马利翁效应

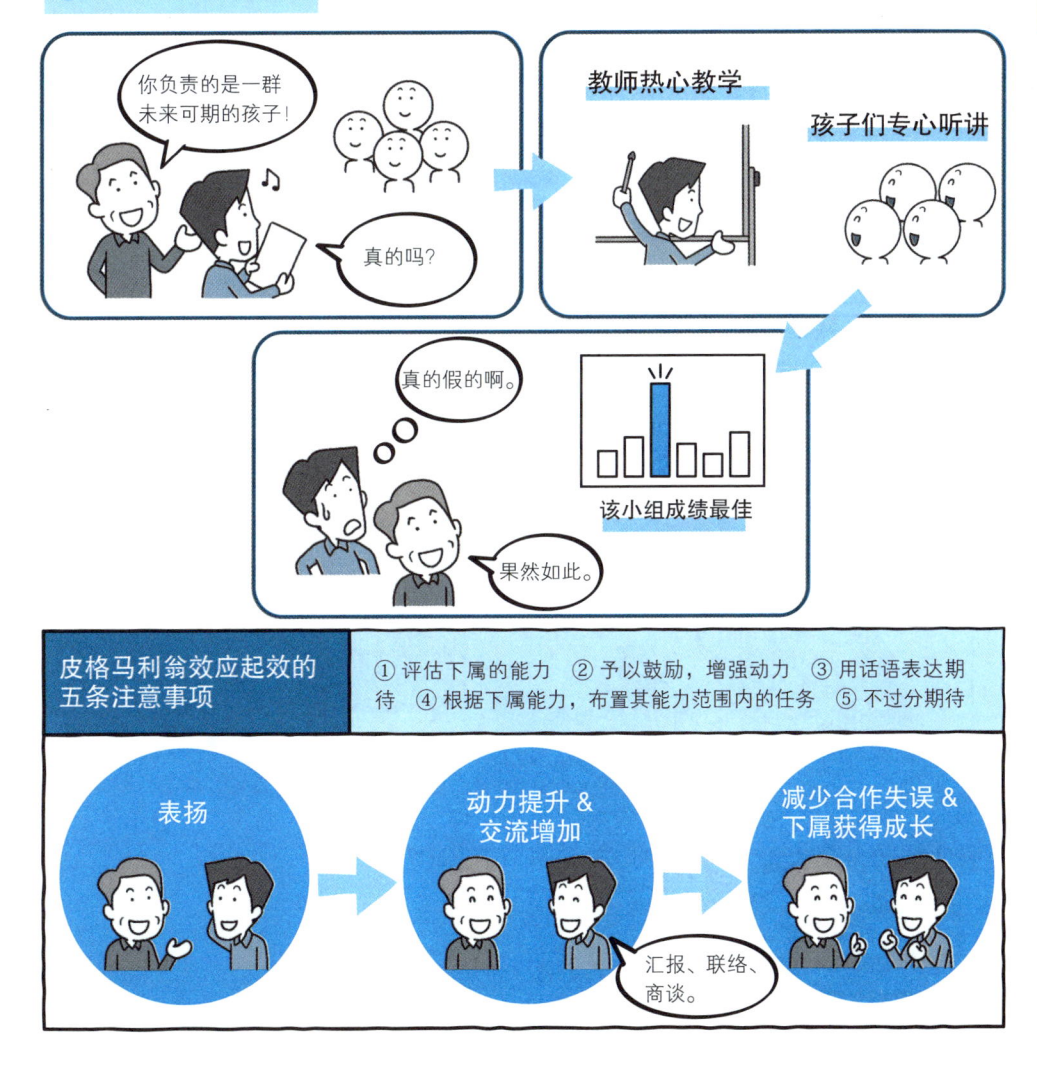

皮格马利翁效应起效的五条注意事项
① 评估下属的能力　② 予以鼓励，增强动力　③ 用话语表达期待　④ 根据下属能力，布置其能力范围内的任务　⑤ 不过分期待

表扬 → 动力提升 & 交流增加 → 减少合作失误 & 下属获得成长

汇报、联络、商谈。

关键词 → ☑ 非预期后果

15 每个人的行为都可能给社会整体带来非预期结果

社会是个人的集合体。因此，每个人自发的行为积累起来，就会对社会整体产生重大的影响。并且，有时会造成未曾设想的结果。

个人自发行为的累加对社会整体造成的意外结果，被称为"**非预期后果**"。这在历史上有实例证明。15世纪末至17世纪中期，英国爆发了圈地运动。地主抢占农民的土地，并将其用栅栏圈住，当作私有土地。流离失所的农民来到城市，成为工厂内的工人；而地主成为资本家，资本主义由此开端。这便是非预期后果。此外，古典派经济学家亚当·斯密提出，资本家对利益的恣意追求并未导致社会的崩溃，却促使市场经济借由"看不见的手"发挥作用。这也可以视作一种非预期后果。

一段导致非预期后果的历史

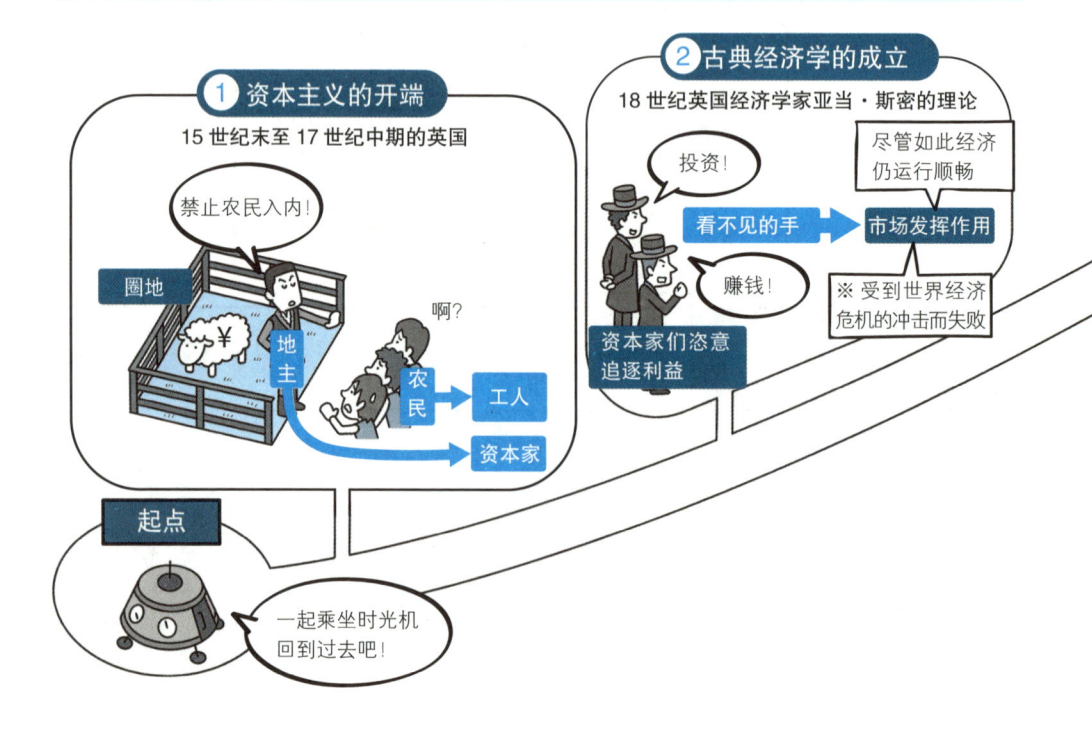

① 资本主义的开端
15世纪末至17世纪中期的英国

- 圈地
- 禁止农民入内！
- 地主
- 啊？
- 农民 → 工人
- → 资本家

② 古典经济学的成立
18世纪英国经济学家亚当·斯密的理论

- 投资！
- 赚钱！
- 资本家们恣意追逐利益
- 看不见的手 → 市场发挥作用
- 尽管如此经济仍运行顺畅
- ※ 受到世界经济危机的冲击而失败

起点
一起乘坐时光机回到过去吧！

在非预期后果中，也存在由于个人偏见而导致严重社会歧视的例子。比如，至今仍有不少企业主要选用男性为综合职❶员，而主要选用女性任一般职位。这种只在难以升职的岗位招用女性的、可谓是性别歧视的差别待遇，起源于一种认为女性会因婚后辞职而缩短任职时长的成见。然而，数据表明，在全职主妇减少、女性任职时长增加的当下，男性与女性的任职时长已没有明显差距。种种缘由积累起偏见导致性别歧视愈加深化，这也是一种非预期后果。要避免此类消极的非预期后果，需要每个人都放下成见，慎重思考自己的观念是否真的符合实际情况。

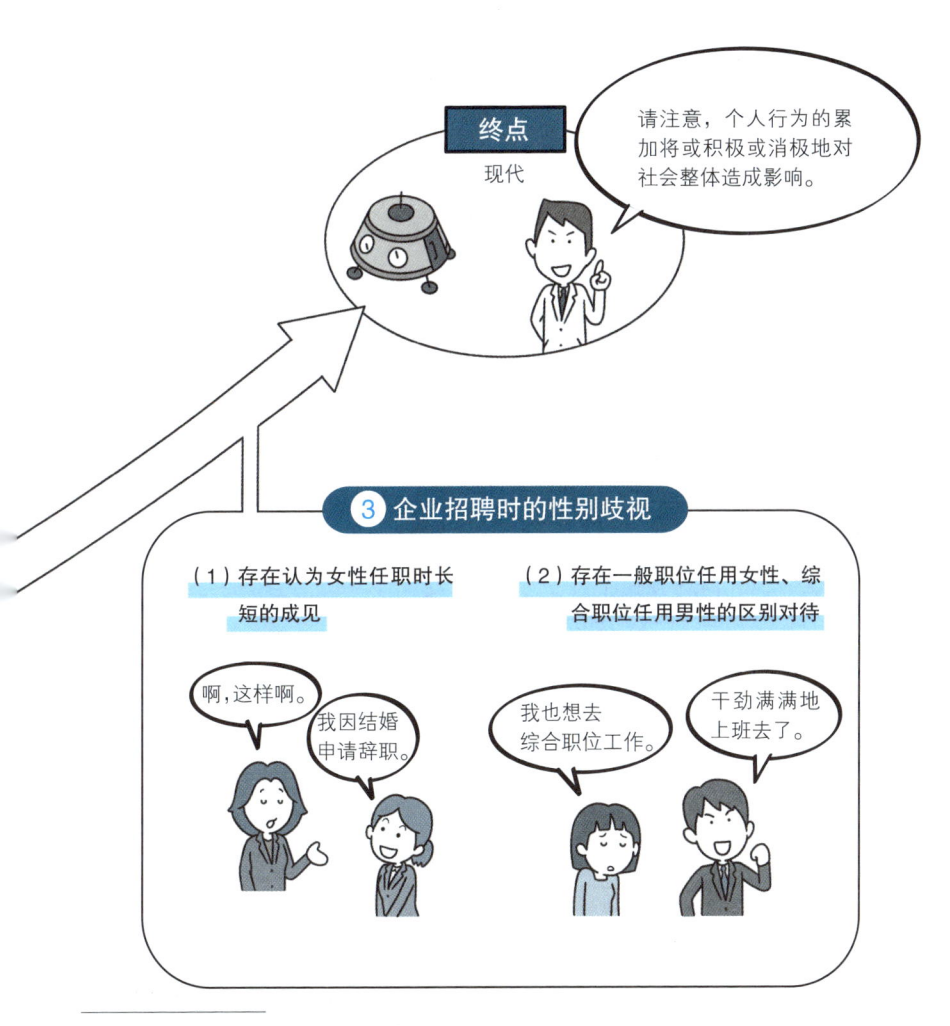

终点
现代

> 请注意，个人行为的累加将会或积极或消极地对社会整体造成影响。

③ 企业招聘时的性别歧视

（1）存在认为女性任职时长短的成见

> 啊，这样啊。
> 我因结婚申请辞职。

（2）存在一般职位任用女性、综合职位任用男性的区别对待

> 我也想去综合职位工作。
> 干劲满满地上班去了。

---

❶ 日本公司正式员工社员一般分为综合职和一般职。综合职的员工必须服从公司调职、派遣要求，是公司的主力员工。一般职的员工则不会调职，但也没有升迁机会。——编者注

关键词 → ☑少数派影响理论

16 少数派也会对多数派产生影响吗

在群体中，成员们的思维和行动会变得相似，因为他们会基于共同、默认的规范行动。这种规范被称为"群体规范"。但它有时也会成为少数派兴起变革的契机。

多数派通过群体规范来支配群体，然而少数派有时也会对多数派产生影响。这被称为"**少数派影响理论**"。心理学家莫斯科维奇等人的实验验证了这一理论。实验中，心理学家们向6位参与者出示了36张蓝色的幻灯片，并要求他们判断颜色。6人中有2人是事先安排好的实验合作者，他们始终如一地回答"绿色"。结果，作为多数派的其余4人也对一部分幻灯片做出了"绿色"的回答。同时，在对照组中，2位实验合作者只将36张幻灯片中的24张判断为绿色，结果其余4人一次"绿

少数派对多数派造成影响的情况 1

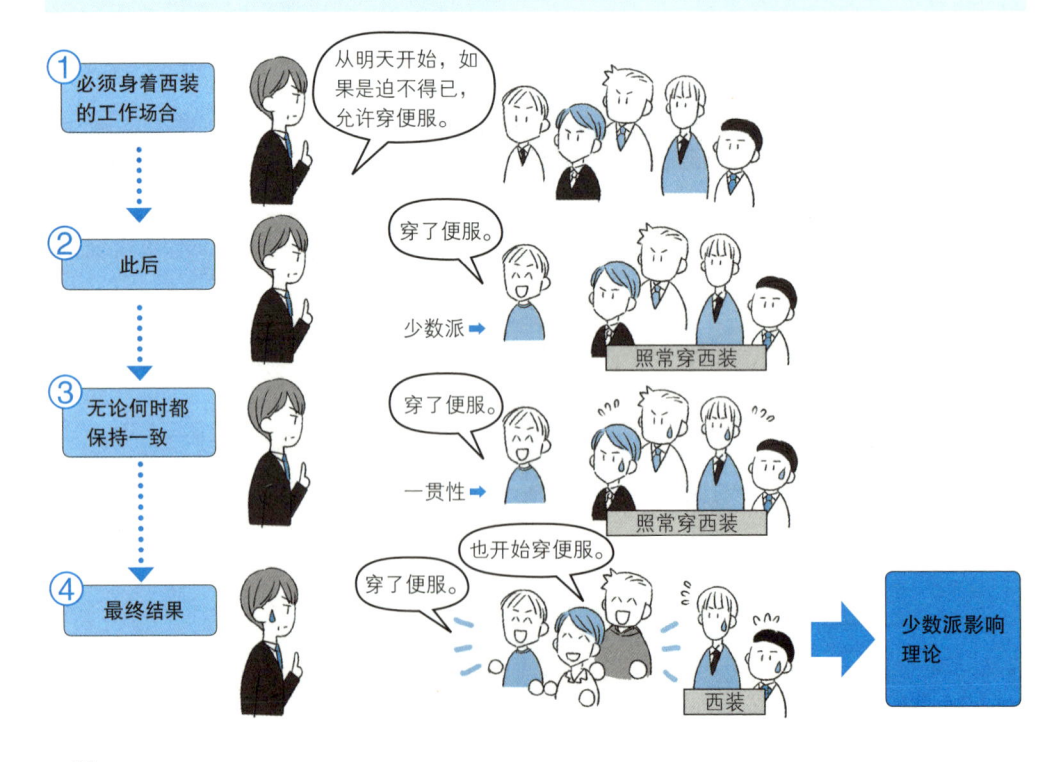

① 必须身着西装的工作场合

从明天开始，如果是迫不得已，允许穿便服。

② 此后

穿了便服。
少数派 →
照常穿西装

③ 无论何时都保持一致

穿了便服。
一贯性 →
照常穿西装

④ 最终结果

穿了便服。
也开始穿便服。
西装

→ 少数派影响理论

色"的判断都未做出。由此我们可以得出这样的结论：即使是少数派，如果始终坚持同样的主张，也会对多数派造成影响，但如果不保持一贯性，便无法产生影响。

实际上，少数派要使意见得以通过，除了与多数派有争论点，与其有很多共同点也很重要。在政治上，少数党的意见之所以难以被采纳，就在于他们与多数党没有同伴意识。从组织的角度来看，少数派能够使集体避免陷入群体思维和群体极化，从而实现健康发展。有些人误以为少数服从多数便是民主政治，但实际上，民主政治是在协商的基础上同样接纳少数派意见的政治，并非仅因数量优势而尊重多数派。

少数派对多数派造成影响的情况 2

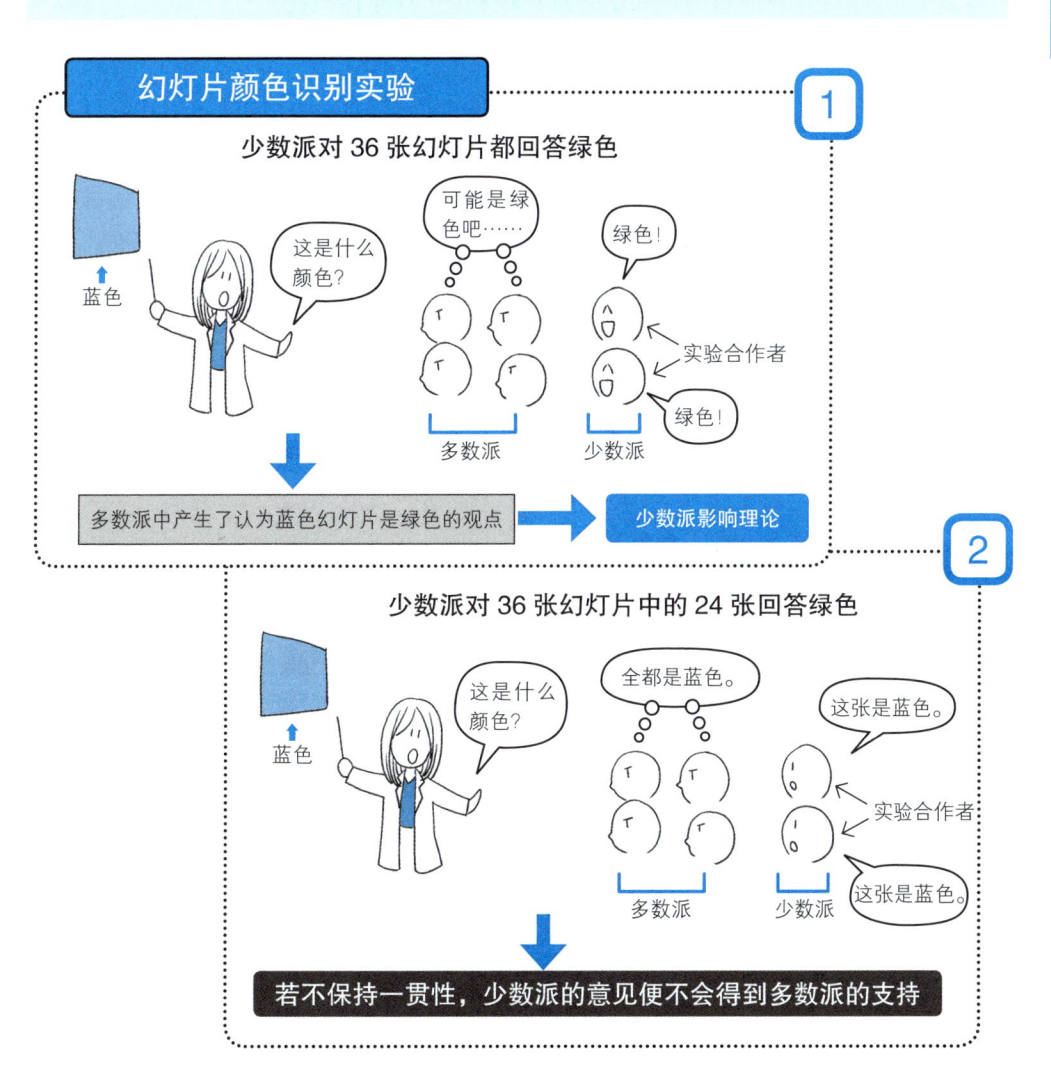

幻灯片颜色识别实验

1

少数派对 36 张幻灯片都回答绿色

蓝色 / 这是什么颜色？ / 可能是绿色吧…… / 绿色！ / 多数派 / 少数派 / 实验合作者 / 绿色！

→ 多数派中产生了认为蓝色幻灯片是绿色的观点 → 少数派影响理论

2

少数派对 36 张幻灯片中的 24 张回答绿色

蓝色 / 这是什么颜色？ / 全都是蓝色。 / 这张是蓝色。 / 多数派 / 少数派 / 实验合作者 / 这张是蓝色。

→ 若不保持一贯性，少数派的意见便不会得到多数派的支持

关键词 → ☑ 登门槛效应

17 从对方容易接受的小要求开始，逐步提出更大的要求

想必很多人都有过这样的经历：答应了对方"请先听我说"的请求，结果等回过神来时已经签下了商品合同。从易于接受的小要求开始，最终让对方接受自己的要求，这种策略在心理学上也被证明是有效的。

人都有希望保持行为一贯性的心理。利用这种心理，先提出小要求，然后逐步扩大，最终让对方答应自己的要求，这就是所谓的登门槛效应。这种效应在心理学的各种实验中都得到了验证。心理学家斯蒂文斯的实验以女大学生为对象，最终目标是使她们同意帮忙在距离大学好几公里的地方植树。首先，他邀请实验参与者进行了有关环境的问卷调查。接下来，请同意参与问卷调查的女大学生帮忙植树。与突然提出要求相比，此种情况下，更多的参与者同意了提供协助。在问卷调查中对

登门槛效应实验及实例

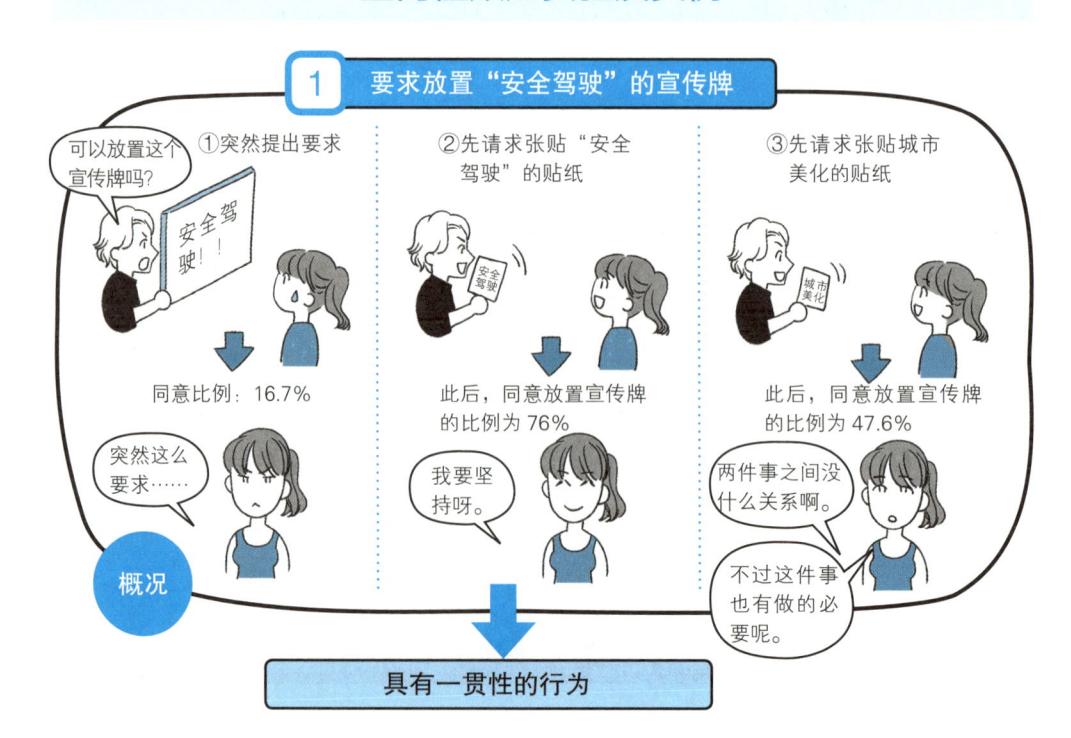

1 要求放置"安全驾驶"的宣传牌

① 突然提出要求
可以放置这个宣传牌吗？
安全驾驶！！
同意比例：16.7%
突然这么要求……

② 先请求张贴"安全驾驶"的贴纸
此后，同意放置宣传牌的比例为 76%
我要坚持呀。

③ 先请求张贴城市美化的贴纸
此后，同意放置宣传牌的比例为 47.6%
两件事之间没什么关系啊。
不过这件事也有做的必要呢。

概况

→ **具有一贯性的行为**

环境保护是否有必要这一问题回答"是"的人，有了必须使自己的行为保持一贯性的心理。

此外，社会心理学家弗里德曼等人进行了一个实验，要求参与者在家中放置一块提倡安全驾驶的宣传牌。竖立宣传牌是关乎家庭景观的大事，若只是普通地提出请求，只有16.7%的人表示同意。但是，在此之前同意过张贴安全驾驶贴纸的人中，有76%都表示了同意。另外，同意张贴宣传城市美化贴纸的人中，只有47.6%同意放置安全驾驶的宣传牌。可知，分阶段提出类似的要求，更容易得到对方的同意。

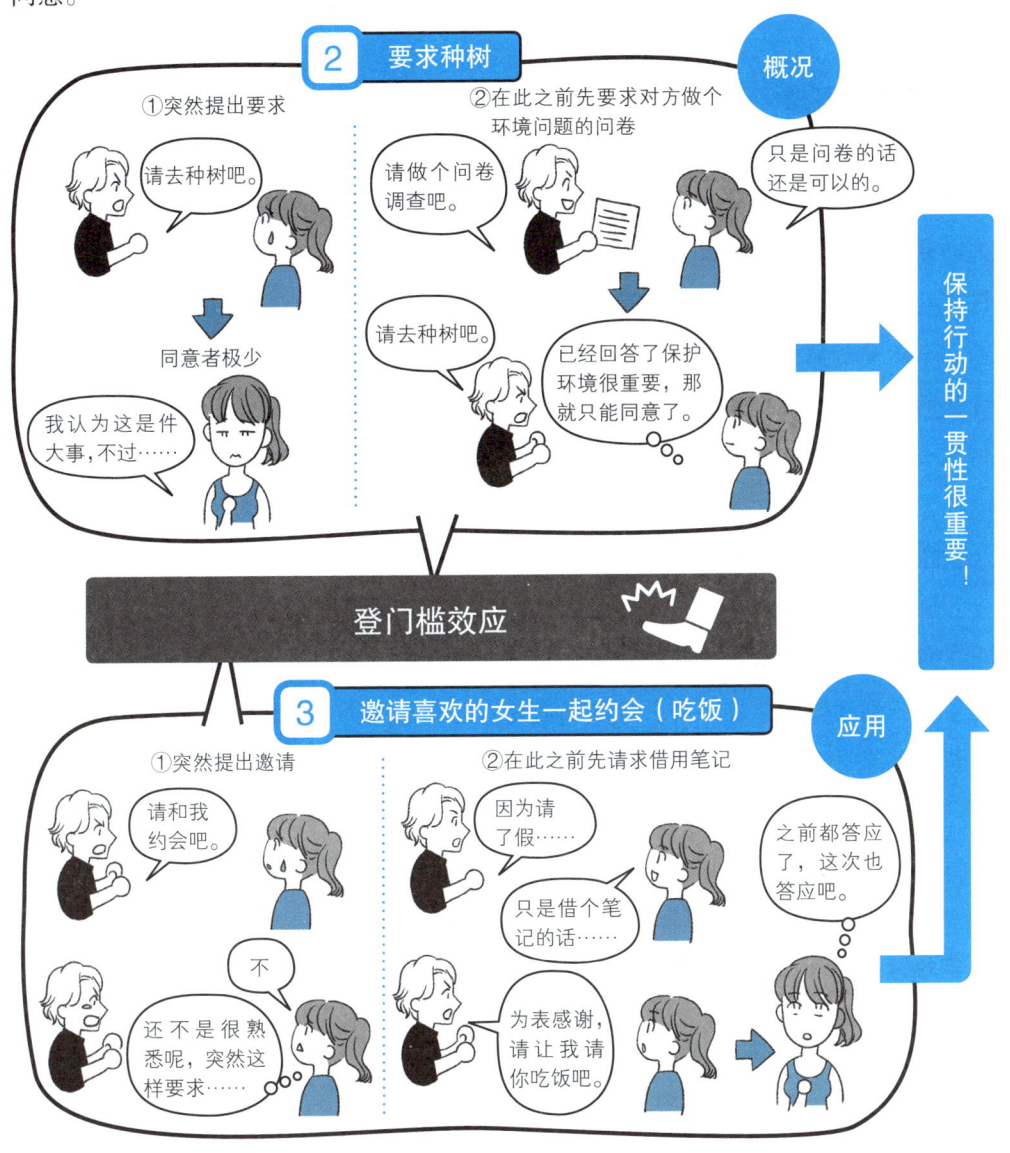

2 要求种树

概况

① 突然提出要求
- 请去种树吧。
- 我认为这是件大事，不过……
- 同意者极少

② 在此之前先要求对方做个环境问题的问卷
- 请做个问卷调查吧。
- 只是问卷的话还是可以的。
- 请去种树吧。
- 已经回答了保护环境很重要，那就只能同意了。

→ 保持行动的一贯性很重要！

登门槛效应

3 邀请喜欢的女生一起约会（吃饭）

应用

① 突然提出邀请
- 请和我约会吧。
- 不
- 还不是很熟悉呢，突然这样要求……

② 在此之前先请求借用笔记
- 因为请了假……
- 只是借个笔记的话……
- 为表感谢，请让我请你吃饭吧。
- 之前都答应了，这次也答应吧。

专栏

需要记住的组织心理学术语集①

1. 科学管理法（P12）

1900年代，美国的泰勒提出了工人管理的方法论，又称"泰勒制"。科学管理法改变了以往基于经验和习惯的低效管理方式，提高了劳动生产率。这一原理分为三部分，一是作业管理，在设定工人能够完成的合理劳动定额的同时，规定完成的报酬和未完工的较低报酬；二是标准化作业，如计算标准劳动时间、优化劳动工具等；三是重新调整组织形态，将实行计划与管理的部门和现场分离。引入这种管理方法的福特公司实现了大量生产。由此，科学管理成了现代组织管理方法的基础。但这一原理由于轻视劳动者的人格，造成白领和蓝领的两极分化，也招致了批评。

2. 酒精骚扰（P14）

来源于英文"Alcohol Harassment"，指在职场或大学社团等各种集体中，利用上下级关系，无视本人意志强行要求其饮酒的行为。除强迫饮酒外，被称为"一口闷"的强制快饮、蓄意灌醉、对不喝酒的人的揶揄与侮辱、醉后发酒疯、酒后言行粗暴等也算作酒精骚扰。

3. 职权骚扰（P14）

来源于英文"Power Harassment"。指在职场中，利用上下级关系给对方施加痛苦的行为。厚生劳动省❶将其定义为：在职场中，凭借自身优势所实施的，超出正常业务范围的损害劳动者工作环境的言语和行为。职权骚扰的适用情况包含工作

---

❶ 日本负责医疗卫生和社会保障的主要部门。——编者注

时间以外的联谊会(酒会)、通勤时间等，其适用对象也涵盖了临时工与劳务派遣人员等劳动者。具体包括对劳动者的侮辱、当众斥责、排挤、提出不可能做到的过大要求或不具备工作价值的过小要求、否定人格等多方面。施行职权骚扰的组织或许能暂时提高生产效率，但长远来看，会逐渐使劳动者失去对职场的集体认同感，导致工作积极性和生产效率低下。

4.社会影响（P19）

社会影响理论将他人的存在对个人心理和行为的影响公式化。他人施加的社会影响有三个要素。一是作为影响源的他人的影响强度。其地位和社会影响力越高，影响也就越强。二是与他人的直接性，或称接近度。在空间、时间上越接近，对个人的影响越大。旧信息的影响力会下降，身边人的意见影响力则会提高。三是他人的数量。如果一个观点有很多人进行主张，个人就很容易顺从。这种社会影响虽说很难抵抗，但也并非越大就越正确。不被他人牵着鼻子走，冷静地得出自己的意见，这一点是非常重要的。

5.赫茨伯格的双因素理论（P21）

赫茨伯格的双因素理论是由心理学家赫茨伯格提出的职场动机理论。这一理论明确了影响劳动者积极性的两个主要因素。一个是与满足相关的因素（激励因素）。这表明对于劳动者来说，重要的是工作的价值和成就感以及对其的正当评价。另一个是与不满足有关的因素（保健因素）。若劳动者对工资、公司管理方式、工作环境等不完全满意，就会产生对职务的不满。虽说如此，但如果只改善这些条件，也无法提高劳动者的工作积极性。

6.破坏效应（P40）

对于原本基于自己的好奇心和喜悦等内在动机进行工作的人，如果为其提供报酬或劳动定额等外在动机，反而会削弱其工作动力。个体若自我决定权和能力感下降，便会产生被强迫的感觉，这将导致生产效率的低下。与破坏效应相反的是增强效应。指通过给没有干劲的下属发放报酬和设置劳动定额来提高其工作积极性，但这种效果往往是暂时的。对其工作表现进行表扬等行为的增强效应更为理想。无论如何，管理者必须观察部下的工作状态，然后再决定是否对其施加外在动机。

7.头脑风暴（P42）

在会议中，参与者可以自由地发表意见，结合多方想法产出更优观点。头脑风暴主要适用于10人以下的会议，成员可以自由发表意见。此时，对他人意见不能提出批评和反对，而是要在其观点的基础上进一步提出发展性意见，从而产生仅靠个人无法得出的更优观点。尽管有人提出批评，认为能力强的人一个人思考会更有效，但头脑风暴现在仍作为一种有效的思考方式在职场被广泛采用。

8.风险转移（P43）

指与个人相比，群体做出了风险更高的选择。即使作为个人能够发表理性意见，但一旦进入群体，就会被有影响力的人的极端观点所吸引，意见像滚雪球一样越来越激烈，形成高风险的决策。在SNS（Social Network Service，社交网络服务）上的骂战与诽谤中伤中也能看到这种现象。另外，还有与此相反的谨慎转移（Cautious shift）。指许多具有安全意识的成员聚在一起，做出极端保守的决策。这是一种因噎废食的过分谨小慎微的状态。无论是谨慎转移还是冒险转移，都属于"群体极化"，都会产生极端观点。为避免陷入群体极化，需要明确发言者的责任所在，并在群体中加入负责批判和反驳的人等。

9.圈地运动（P58）

源于英文"enclosure"。发生于15世纪末到17世纪中叶（第一次）和18世纪初到19世纪中叶（第二次）的英国。地主在公有土地上围上围墙和栅栏，将土地变成牧羊用的私有土地，农民因此无法继续从事农业生产，被迫失业。他们中的很多人成了毛纺厂的工人，而地主中的很多人则成了资本家，这成为资本主义发展的契机。

10.看不见的手（P58）

由18世纪古典经济学家亚当·斯密提出的概念。即使个人投资者只为了自身利益而行动，"看不见的手"也会自然而然地发挥市场调节作用。这成为自由放任主义和自由竞争理论的理论依据。实际上，在那之后，市场经济几乎不需要政府介入就能够发挥作用，资本主义得到了发展。然而，1929年发生的经济大萧条证明，自由放任主义会导致经济崩溃，因为"看不见的手"是不存在的。在现代社会，多数人认为，积极实施金融和财政政策更好。

3

利用负面情绪
让组织表现更上一层楼

如果"嫉妒"的情感在职场中蔓延,人们会感到窒息。
但是这种负面情绪可以转化为积极情绪。

偷笑

关键词 → ☑ 情绪

01 人们产生不理性行为，是"情绪"在作祟吗

虽然我们普遍认为人基于理性而不断进化，但我们时常会做出一些不合逻辑的行为，阻碍我们达成目标。这些不理智的行为和习惯，都是人的"**情绪**"造成的。

就普遍现象而言，人类是一种不理性的生物。即使知道应该做现在该做的事，也会优先考虑眼前的快乐和利益，从而做出不合理的行动。

最容易理解的例子就是"明天就开始减肥"。虽说只要能忍住不吃过量的蛋糕和巧克力，或是夜晚不摄入过多碳水化合物就能瘦下来，但不知为何，人们很容易被眼前的欲望左右，想着"从明天开始就好了"。这种拖延的思维和现象在行为经济学中被称为"双曲贴现"。

不理智行为的背后是有原因的吗？

明天开始不减肥不行了！ → 拒绝 → 哎呀忍不住了！明天再说，明天再说。 → 出大问题了！体重上升

还有一周才到交策划案的截止日期啊…… → 视频网站 → 还来得及，先放松一下。 → 这下可能熬夜也做不完了！连我也要熬夜吗？

双曲贴现是一个解释人们非理性行为的概念：人们可以等待遥远的未来，但不能等待近在眼前的未来。人们倾向于优先考虑眼前的利益，如当下的香烟和酒精比未来的健康更重要，或者现在的舒适生活比为未来储蓄更重要。

从理性的角度来说，这种行为完全是无稽之谈。然而，做出非理性的选择是有原因的，情绪就是这种行为产生的原因。

即使人们在日常工作和生活中感到压力，但如果他们的情绪是积极的，他们也能保持心理和自主神经的平衡。有时看似非理性的行为对于心理和身体健康是必要的。这种行为的根源是情绪，情绪会试图实现精神和身体的平衡。

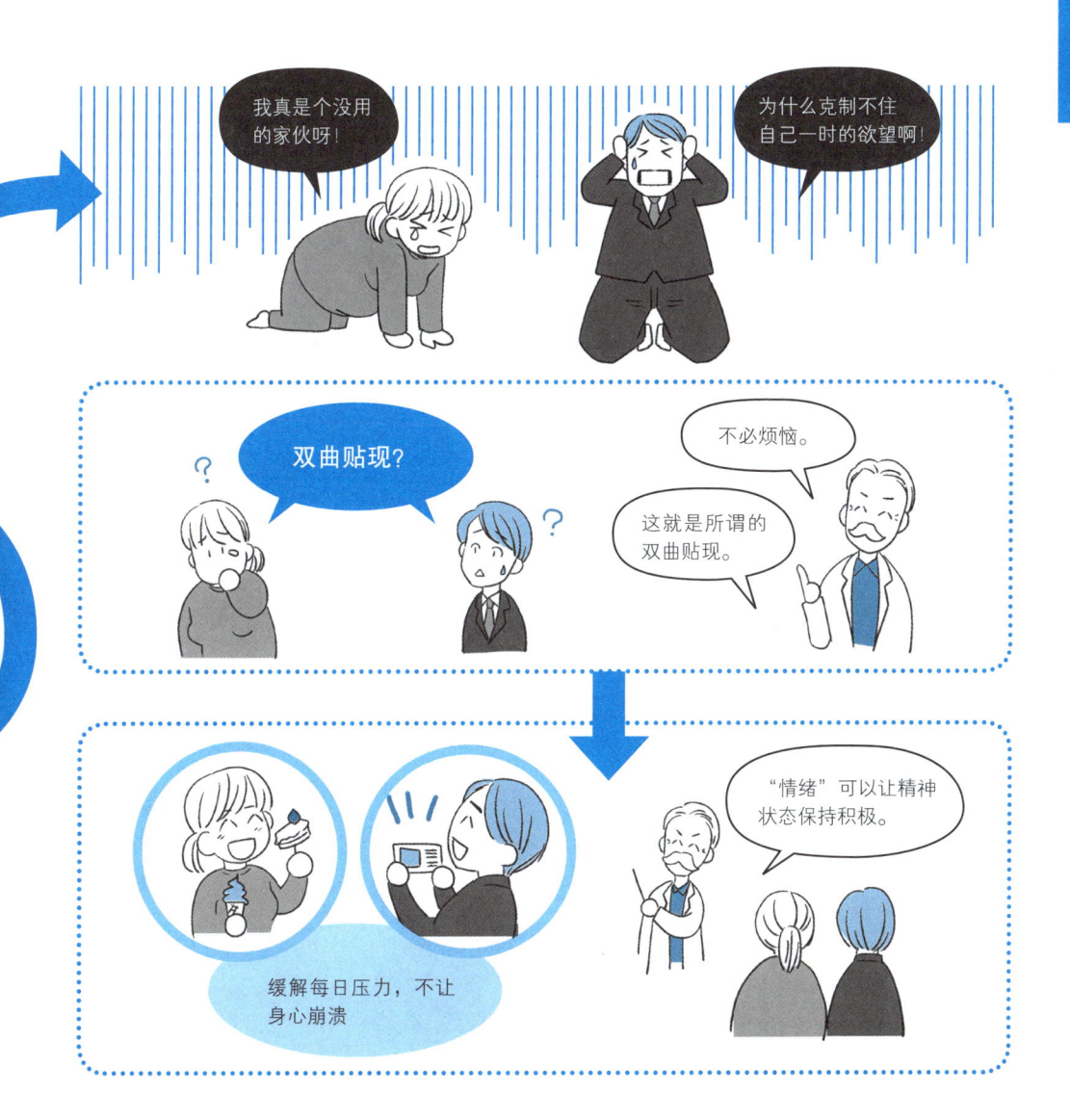

> 我真是个没用的家伙呀！

> 为什么克制不住自己一时的欲望啊！

> 双曲贴现？

> 不必烦恼。

> 这就是所谓的双曲贴现。

> "情绪"可以让精神状态保持积极。

> 缓解每日压力，不让身心崩溃

关键词 → ☑变化

02 人类是一种讨厌"变化"的生物

人们总是万分不愿改变现状，即使知道改变很可能会有所裨益，也会对**变化**感到抗拒。公司高层换血，组织改革开始……每每这种时候人们都会感到极度不安。

当我们觉得自己可能会失去当下的"安稳现状"或"所有物"，并且我们的思想被这种焦虑所占据时，就会产生精神上的"偏执现象"。

这在心理学上被称为"禀赋效应"，行为金融学家丹尼尔·卡尼曼的"马克杯实验"就对其进行了很好的阐释。高校学生在这个实验中被分为两组，实验人员给A组学生印有学校标志的马克杯（市场价值为6美元），并问："你会以多少钱卖掉它？"而没有拿到杯子的B组学生则被问："你会用多少钱买下它？"

为何会发生偏执现象？

厌恶环境变化

- 新来了一个很能干的同事
- 公司高层权力更迭
- 自己的工作被他人接手

结果A组给出的平均价格是7.12美元，B组给出的平均价格是2.87美元。A组对成为自己所有物的马克杯给出了B组2倍以上的价格。

通过这个实验我们可以发现，人不愿意失去自己认为有价值的东西，或者说是不愿意感到后悔。这种偏执现象不仅存在于物质上，也适用于职业、身份、社会地位、环境等方面。

即使眼前有千载难逢的机会，在"禀赋效应"的影响下，人们也会倾向于肯定现状，认为"现在还不错"，从而让自己安心。在这种不理性的判断背后，是"想要规避风险和威胁以求安心"的心理在发挥作用。

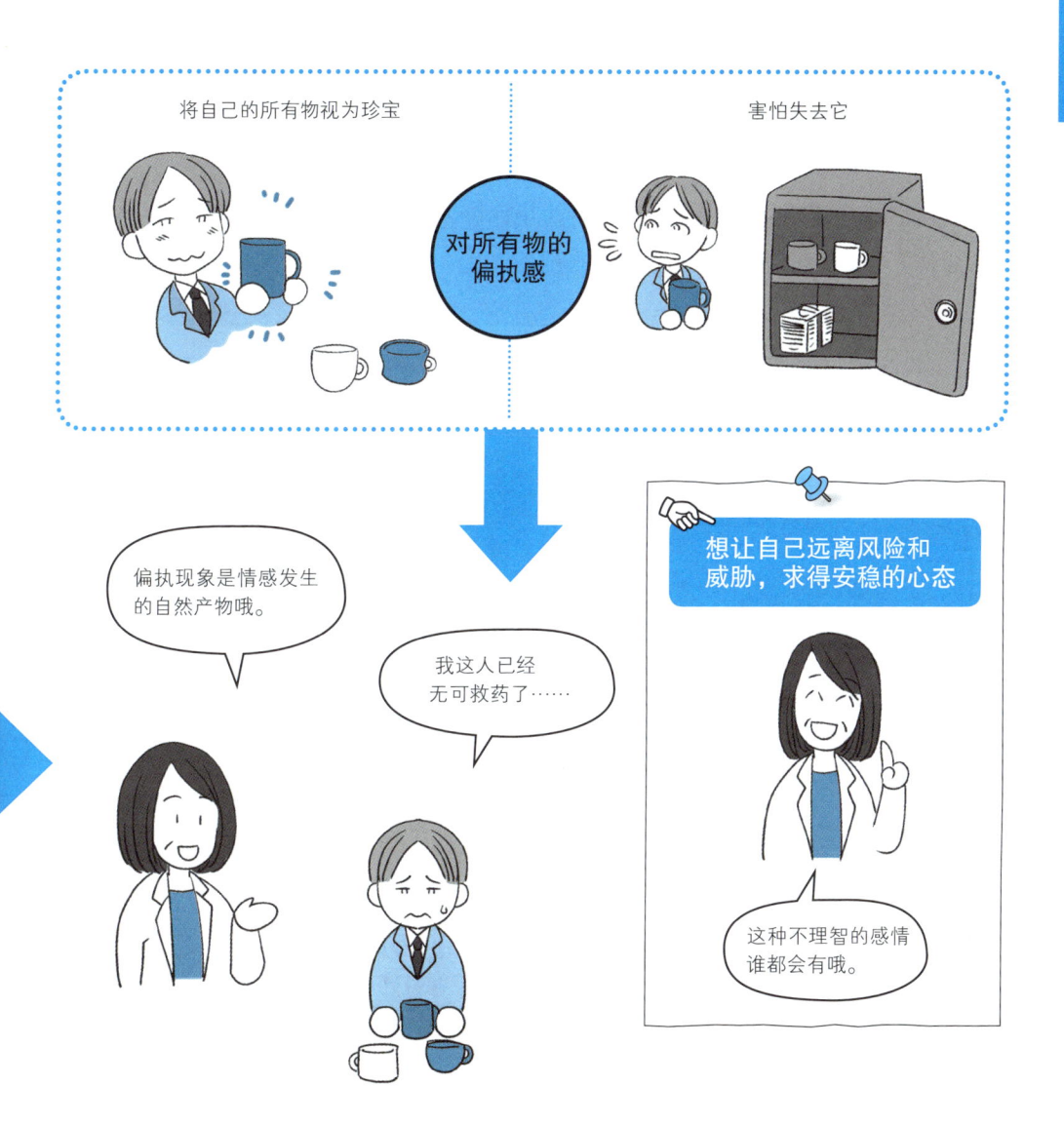

将自己的所有物视为珍宝　　　　　　害怕失去它

对所有物的偏执感

偏执现象是情感发生的自然产物哦。

我这人已经无可救药了……

想让自己远离风险和威胁，求得安稳的心态

这种不理智的感情谁都会有哦。

关键词 → ☑嫉妒

03 "嫉妒"的情绪是最难对付的

人们不理智的行动往往和"情绪"有着千丝万缕的联系,而其中最棘手的莫过于"嫉妒"。嫉妒在基督教中被列为七宗罪之一,在佛教中被称为一种烦恼,自古以来,嫉妒一直困扰着人们。

人们总是会拿自己和别人进行比较。如果只是比较倒没有什么问题,但这时很容易产生"嫉妒"。举个例子,公司里小A要就任我们一直以来担任的职务(且今后我们也想继续在这个岗位上耕耘)。如果我们自己也清楚小A是个比自己更优秀的人才,那么这个事实也会尽人皆知的。

冷静客观考虑的话,与小A友好相处并合作会让自己受益匪浅。但实际上,由于"嫉妒",我们很容易做出不合理的行动。

让大家吃亏的"嫉妒"

在基督教中是七宗罪之一 —— 基督教

佛教称之为烦恼…… —— 佛教

"嫉妒"真是可怕啊……

我也要多加留心才是。

"与比自己优秀的人比较,这种行为被称为"向上比较",向上比较容易让人产生自卑感,从而导致"嫉妒"情绪萌芽。

一旦陷入"嫉妒"的旋涡,就会采取"即使小A遇到困难也不帮忙""不向小A透露重要信息"等冲动的手段来阻碍小A工作的开展。而一旦如此行动,公司内部的人际关系就会变得混乱扭曲,甚至出现本来没有必要的猜忌嫌隙,团队整体的表现也将会因此受到很大的负面影响。

如果被"嫉妒"的情绪动摇,做出恶化职场氛围的行为,故意让对方不愉快,那么对谁都没有好处。

但是……

从今天开始,小A就是你们的新经理了。

请大家多多关照。

为什么那家伙明明是后辈,却比我先当上经理……

遇上麻烦也绝不伸出援助之手……

故意不分享信息……

之前那件事,你这里有什么消息吗?

我什么都没听说。

明明做这种事情对双方都没有任何好处,但就是忍不住呀……

没有比"嫉妒"更棘手的感情了……

关键词 → ☑ 攻击性

04 "嫉妒"令人充满攻击性

令人感到棘手的"嫉妒"是怎么产生的？会以什么样的形式在哪里发泄出来呢？美国心理学家戴德·德斯迪诺的研究小组在实验中通过"超辣酱汁加入量"这一数值，给出了这些问题的答案。

在实验中，被试需要和年龄相仿的异性参与者（搭档）一起参与课题，两个人一起完成作业的时候，加入了一个姗姗来迟的同性参与者（竞争对手）。实验从这里开始分为两组，一组中异性搭档以"有重要的事情"为由离开了房间。而在另一组中，异性搭档背叛被试，对竞争对手说"我们一起完成课题吧"。虽然这两项实验最终都是被试独自完成课题，但由于搭档的"背叛"，其中一组被试会产生嫉妒。

甚至会演变成危险行为！

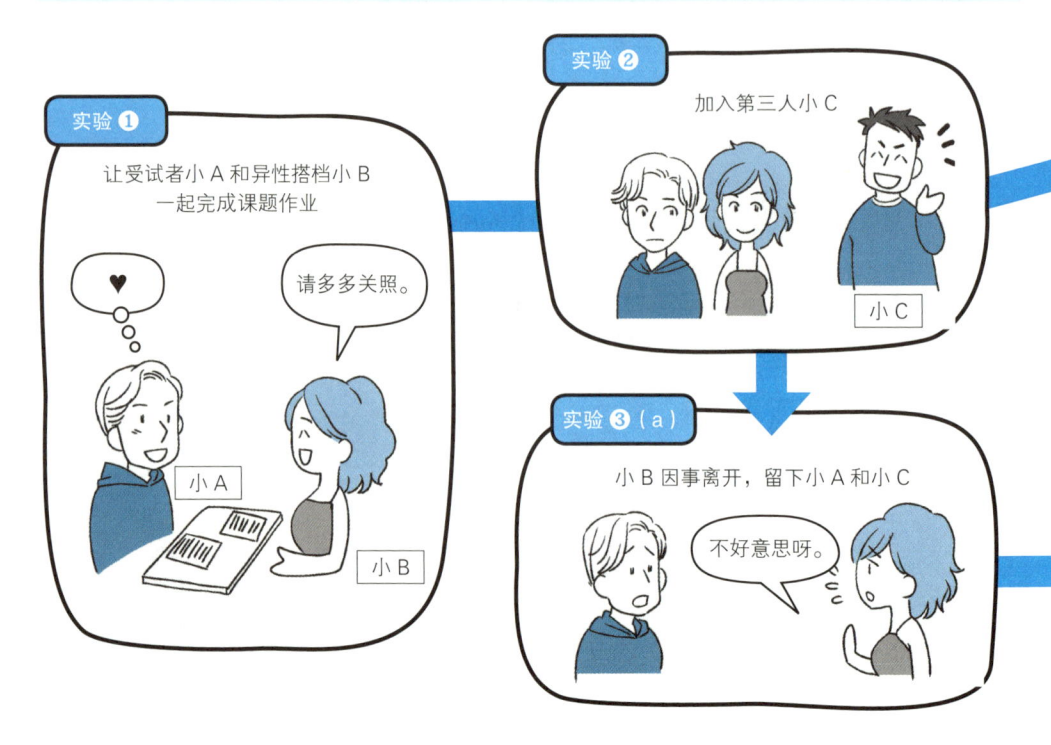

实验 ❶
让受试者小 A 和异性搭档小 B 一起完成课题作业

♥
请多多关照。

小 A　　小 B

实验 ❷
加入第三人小 C

小 C

实验 ❸（a）
小 B 因事离开，留下小 A 和小 C

不好意思呀。

接着，以味觉测试为名，被试有机会在搭档和竞争对手的食物中加入他们都讨厌的超辣酱汁。

这个时候加入的超辣酱汁平均量，在搭档因事离开的那一组是1.44g，被搭档背叛的那一组是3.41g，二者相差近2.4倍。也就是说，由嫉妒产生的报复心理从"酱汁量"这一数值大小体现出来。这个实验让我们窥见了嫉妒如何支配我们的行为以及会对他人产生何种程度的**攻击性**。

如果公司或群体中有人心怀妒意，就会出现本应合作的伙伴互相攻击的不理性状况。

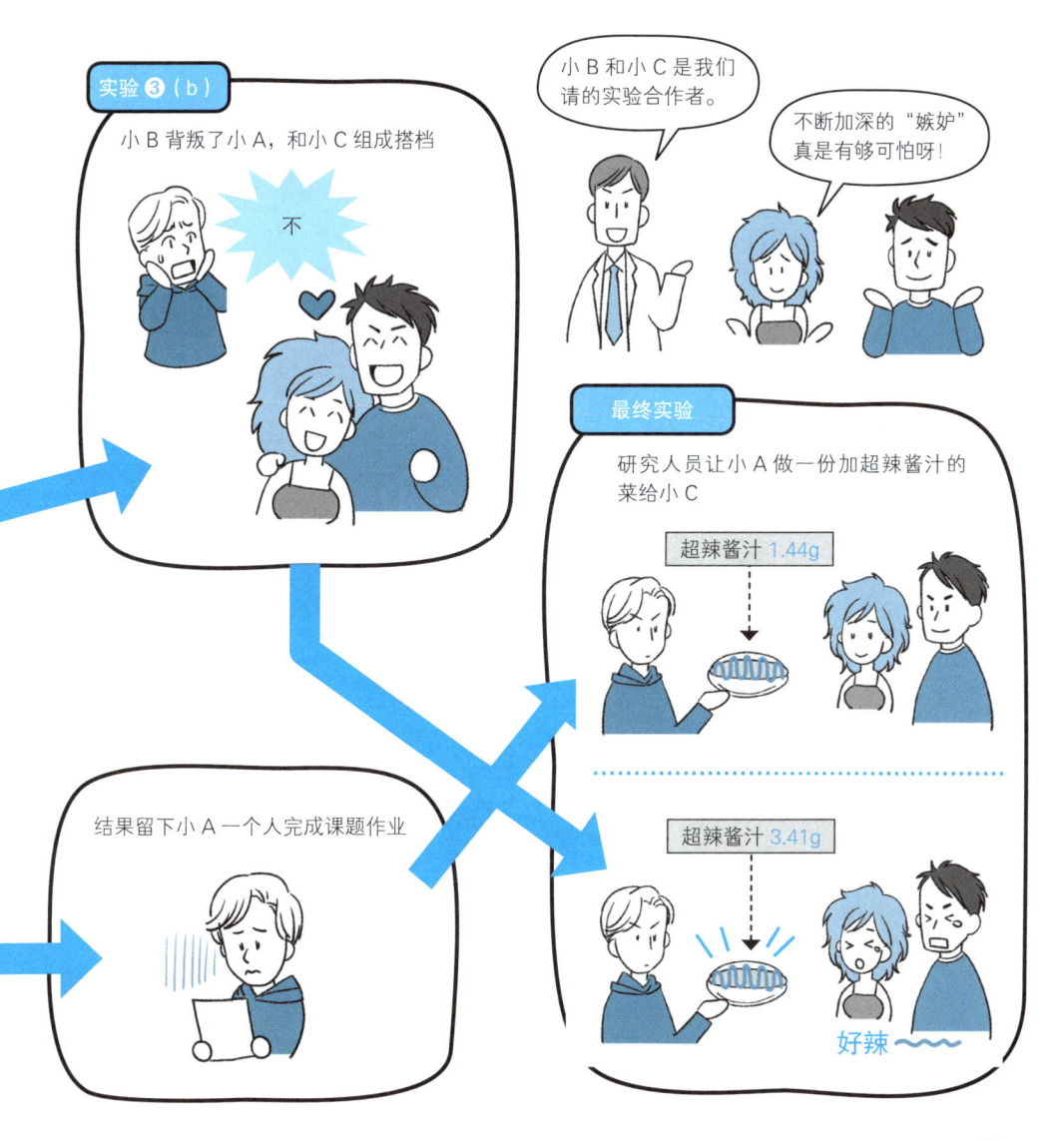

实验 ❸（b）

小B背叛了小A，和小C组成搭档

结果留下小A一个人完成课题作业

小B和小C是我们请的实验合作者。

不断加深的"嫉妒"真是有够可怕呀！

最终实验

研究人员让小A做一份加超辣酱汁的菜给小C

超辣酱汁 1.44g

超辣酱汁 3.41g

好辣

关键词 → ☑ SNS

05 容易心生嫉妒的人会变得放不下手机

随着智能手机的普及，越来越多的人开始使用各种 SNS。然而，通过其得知某个令人意外的事实后大受打击，导致人际关系变得紧张的事例并不少见。

由于SNS能够在短时间传播信息，因此在SNS上开通官方账号的企业以及自治团体等行政机关的数目每年都在增加。此外，作为一种通信工具，SNS在私人生活中的应用似乎也越来越普遍了。

然而，嫉妒倾向较强的人在使用SNS时需要加以注意。容易心生嫉妒的人会担心有人在自己不知道的时候碰到了好事（或比自己过得更好），于是变得放不下手机，此种事例不在少数。

SNS 放大了"不安"

群体人际关系因 SNS 出现裂缝
＝
发展为对他人的不信任

不安

虽然在妈妈友❶中我是最年长的，但因为是高龄生育。

所以我并不算资深妈妈吧……

→

大家比想象中还要年轻貌美。不过为了孩子，我得和她们好好相处。

可能是我年纪大了体力下降……没办法出太远的门。

那就不太方便约她出门了啊。得注意点儿。

→

---

❶ 指以年幼的孩子为契机结识并逐渐熟络的妈妈们。——编者注

例如，某公司的4位年轻员工A、B、C、D是在私底下也会一起玩的亲密朋友，假设B、C、D是户外派，而A是室内派。因此B、C、D 3人考虑到"如果邀请A去野营的话，可能会让他很为难"，所以去野营时特意没叫上A。

这时，对于圈子里只有自己是室内派而感到自卑的A，从网络上的帖子知道了B、C、D去野营的事。A认为自己"被排挤"而大受打击，进而很有可能陷入"自己被大家讨厌了"的消极想法中。在最坏的情况下，A和其他人的人际关系将会恶化，其身心健康也将受到不良影响。此外，从对中国初中生的调查结果来看，在人际关系良好的群体中，嫉妒所带来的问题行为会得到抑制。

关键词 → ☑ 心理疼痛

06 人们为什么无法舍弃嫉妒的情感

尽管嫉妒在宗教中被视为禁忌，对身心健康也可能有危害，但人类为什么还是无法舍弃这一情感呢？这是因为嫉妒这一行为能让人们利用嫉妒的对象重新审视自己，从而使自身得到成长。

古希腊哲学家亚里士多德对于嫉妒这一情感，做出了"嫉妒是因他人的好运而引起的**心理疼痛**"的分析。实际上，过度嫉妒会让人际关系失常，使人陷入抑郁的状态，对人的身心都有害。尽管如此，人类之所以没有进化到抛弃嫉妒情感的程度，是因为嫉妒会使人们正视自己尚未意识到或是视而不见的自卑感，并为了克服它而不懈努力……也就是说，嫉妒是人成长的契机。例如，17世纪末至18世纪统治俄国的彼得大帝承认了本国比起西欧诸国明显落后于时代，进而通过一系列改革推

人会嫉妒"与自身水平相同的人"

高质量男性

- 成绩年级第一
- 长得帅
- 家境很好
- 运动能力出类拔萃
- 身高185厘米
- 性格好

喜欢 喜欢

就是个普通人

这人太过厉害，哪谈得上嫉妒，只剩下崇拜了……

不爽

那种不起眼的家伙都能找到女朋友！真是令人不爽啊。

进了俄国的近代化，为其日后发展成为一个领土广袤的大帝国打下了基础。

然而，人们对于比自己优秀得多的人，往往不会产生嫉妒。因为就算自己再怎么努力也"赢不了"对方。大部分人都会嫉妒"能赢，有赢的可能性，和自己水平差不多"的人。

因此对"自己的立场（价值观）受到威胁"的恐惧会加速嫉妒，而在嫉妒中磨炼出的判断"对方是否对自己有利、自己是否能够与之匹敌"的洞察力可以说是人类生存必需的能力。

嫉妒也可能会促进成长

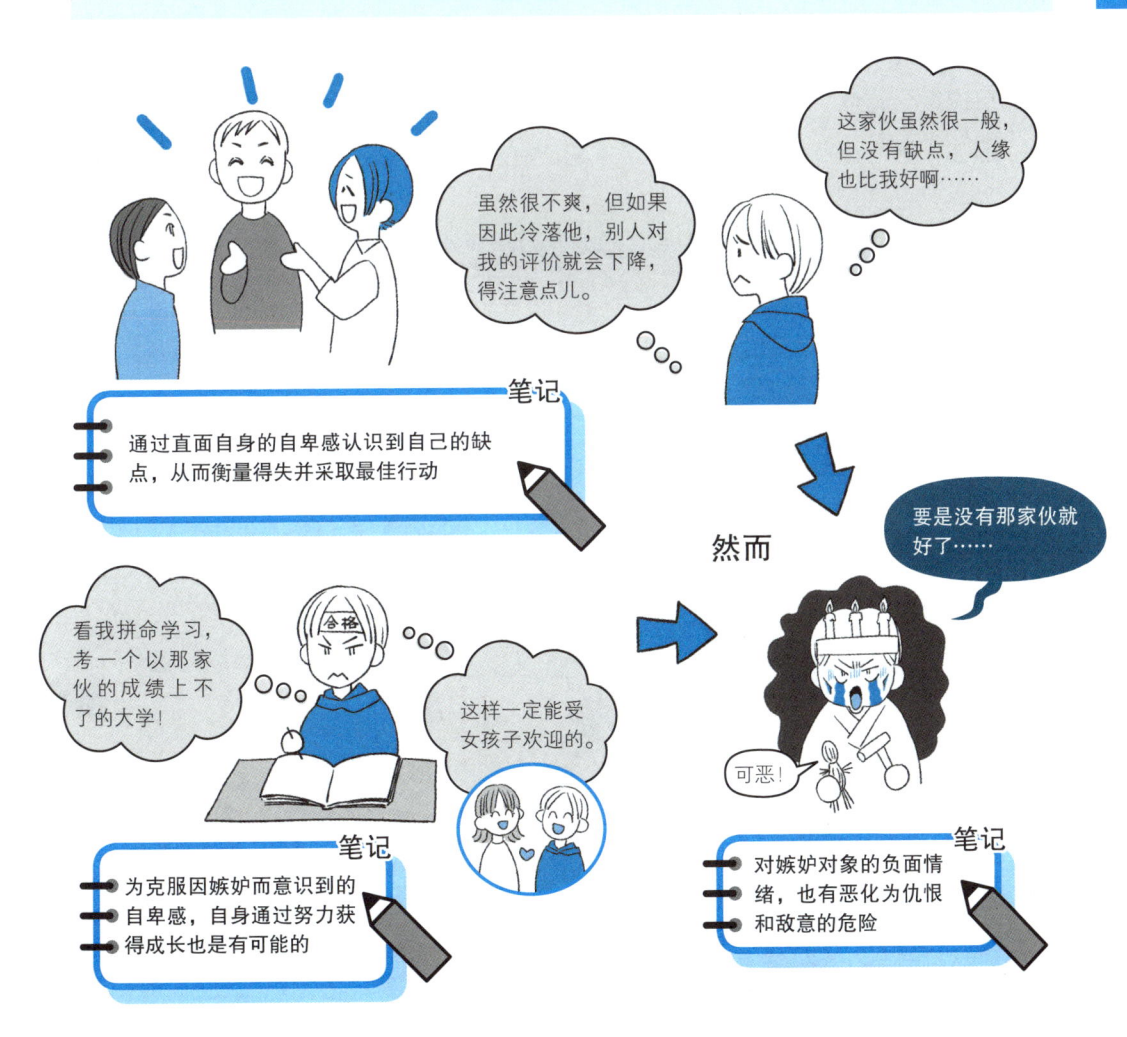

这家伙虽然很一般，但没有缺点，人缘也比我好啊……

虽然很不爽，但如果因此冷落他，别人对我的评价就会下降，得注意点儿。

笔记
通过直面自身的自卑感认识到自己的缺点，从而衡量得失并采取最佳行动

然而

要是没有那家伙就好了……

看我拼命学习，考一个以那家伙的成绩上不了的大学！

这样一定能受女孩子欢迎的。

可恶！

笔记
为克服因嫉妒而意识到的自卑感，自身通过努力获得成长也是有可能的

笔记
对嫉妒对象的负面情绪，也有恶化为仇恨和敌意的危险

关键词 → ☑ 前扣带回

07 当人感到嫉妒时，大脑发生了怎样的变化

强烈的嫉妒之所以会损害身心健康，是因为脑中负责调节血压和心跳等自主功能的"前扣带回"对嫉妒有着强烈反应。

人们往往对在年龄、学历、容貌等方面与自己相差不大（即有相似性）的人抱有亲近感。然而，若是此人拥有自己稍微加把劲就能获得，或者是差点就到手（即获得的可能性很大）的事物，人们就会转而产生嫉妒心理，且比起对毫无亲近感的人的嫉妒，这种嫉妒更为强烈。此外，科学研究证明，嫉妒越是强烈，脑部前扣带回的反应就会越强。

前扣带回与调节血压、心率等自主功能有关，拥有执行、评价、认知、情绪四

从脑科学的角度来看，"人之不幸，我之蜜糖"确为其实

嫉妒使前扣带回活跃

前扣带回
连接大脑边缘系统各部分，负责处理情感和记忆的部位"扣带回"的前半部分

执行　评价
认知　情绪

如果嫉妒对象遭遇不幸……

这次报告没通过……

没办法，是对方的错。

嘻嘻嘻，活、该！

种功能的前扣带回，同时也是痛觉信息的中转站。因此，强烈的嫉妒会给身心都带来痛苦，进而损害身心健康。

此外，对嫉妒对象遭遇不幸感到喜悦（幸灾乐祸）后，奖赏系统（诱发快感的神经回路）的一环——纹状体就会被激活。实际上，嫉妒倾向越强的人，其前扣带回与纹状体越活跃。不过，如果一直盼着他人遇到不幸，被称为"压力激素"的物质——皮质醇就会在无意识中分泌过剩，从而提高患痴呆的风险。"害人害己"这一说法未必不然。

"压力激素"皮质醇使脑功能低下

如果皮质醇分泌过剩，掌管记忆的海马体就会萎缩，患痴呆的风险也会升高。

最近脑袋昏昏沉沉的，做事失误连连，干什么都不开心……

带来"快感"的纹状体也变得活跃

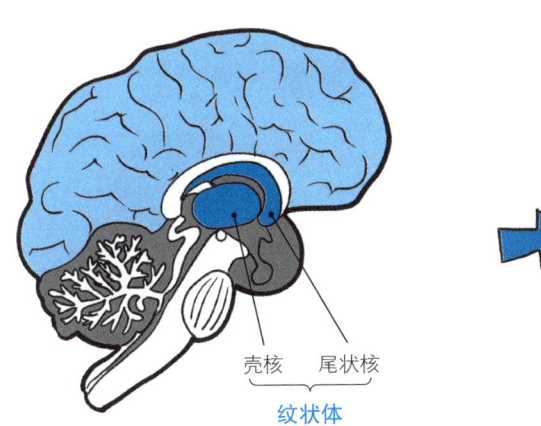

若一直盼着别人遭遇不幸，良心就会受到谴责

得制造更多的皮质醇来抵抗压力。

偷笑

皮质醇光线

那家伙能不能多失败几次啊？

壳核　尾状核

纹状体
大脑内部与控制运动机能有关的"基底核"中由尾状核与壳核组成的部位。纹状体也是传递来自额叶和顶叶的信息的地方

3　利用负面情绪让组织表现更上一层楼

关键词 → ☑ 恶性嫉妒、良性嫉妒

08 嫉妒有"恶性"和"良性"两种

嫉妒有恶化人际关系、损害身心健康的"恶性"嫉妒，也有使人直面自卑感、成为成长契机的"良性"嫉妒。了解这个差异产生的原因有助于我们控制自己的嫉妒情感。

嫉妒基本上是对"比自己优秀（幸运）"的人抱有的一种情感，大致可以分为两种。首先是像"要是没有那家伙我就能……"这种向对方展现憎恶或仇恨等负面情感的"**恶性嫉妒**"（malicious envy）。一般听到"嫉妒"这个词后，人们就会联想起这种情感。其次是像"我也想像那个人一样"这种包含羡慕与憧憬等正面情感的"**良性嫉妒**"（benign envy），往往会成为努力成长的契机。

恶性嫉妒的目标是除去嫉妒对象，而良性嫉妒则希望能帮到嫉妒对象，二者

"恶性嫉妒"与"良性嫉妒"在待人中的不同

"恶性嫉妒"的目标是除去嫉妒对象

这次由田中担任项目的领队，大家要好好支援他。

了解！做项目的时候不能喝酒哦。

嫉妒

田中这个喝醉后会丢手机的呆子，大家居然更信赖他，真不公平……

哇！

一定要在暗地里给他捣乱。

目的性完全相反。例如，一个人想在演艺界大展拳脚，而跑去人气歌手的SNS上谩骂，这种情况就是恶性嫉妒。相反地，若他仅作为一个热情的粉丝爱慕着那位歌手，那就可以说是良性嫉妒。嫉妒他人本身并不是坏事，重要的是要学会自我控制，把这种情绪转化为有效行动的契机。

此外，吃醋虽然是嫉妒的同义词，但两者之间实际上有着微妙的区别。嫉妒是在1对1（个人之间或群体之间）的关系中萌生的。与此相对，因前辈与同事关系很好而感到与前辈疏远的人会觉得同事很碍事，像这样从3人关系中萌生的情感才是吃醋。

想帮上对方的忙，或想变得像对方一样的"良性嫉妒"也有可能成为成长的契机。

多亏了你贴心的支持，这个项目大获成功。感谢。

感激涕零

我、我很开心！

"良性嫉妒"是想帮助嫉妒对象

为了做好这个项目，一起加油吧！

憧憬

良

我比较笨手笨脚，为了不拖前辈的后腿，得多花些时间做准备。

十分高兴能和您一起工作。我会加油的！

关键词 → ☑ 生存/成长战略

09 容易嫉妒的人应采取的生存/成长战略

嫉妒情感在与他人的接触中产生，但若因惧怕人际关系被扰乱而拒绝在学校和职场中与人交往，则是本末倒置。因此，将恶性嫉妒转变为良性嫉妒显得尤为重要。

为在学校和职场中建立圆滑的人际关系，容易产生恶性嫉妒的人，要尽可能将此情感的箭头转向良性的方向，这是其**生存/成长战略**。例如，被誉为"漫画之神"，留下无数杰作的手冢治虫❶，就很容易嫉妒后进年轻漫画家的才能，一有新类型的漫画登场，他就会第一时间加以批判。其中最有名的是手冢和在他创刊的漫画杂志《COM》上连载的石森章太郎的《纯》的故事。

将"恶性"的嫉妒转变为"良性"的嫉妒

"恶性"嫉妒会使视野变得狭窄，自身也将难以成长

- 明明我更优秀，大家却都夸铃木，真不公平。
- 周围都是些没有眼力的家伙。
- 要是铃木交上坏运气就好了……

不满　不满　不满

A

观察嫉妒对象，分析值得自己学习的地方

- 铃木不胖不瘦、不高不矮，没有压迫感。
- 性格还很友好，所以很好说话啊。
- 和身材高大、长相不讨喜还沉默寡言的我完全相反……

B

❶ 手冢治虫（1928—1989），日本著名漫画家，代表作有《铁臂阿童木》《火鸟》《森林大帝》等。——编者注

台词几乎为零，通过画面描写让人读懂故事情节的《纯》是一部相当具有实验性质的作品，开创了崭新的漫画表现形式，得到了高度评价。然而，当时作为老派漫画家人气遭遇滑坡的手冢因嫉妒石森的才能，作出了"《纯》根本不是一部漫画"的锐评。得知自己尊敬的手冢否定了自己的作品后，石森大受打击，询问《COM》编辑部是否要中止《纯》的连载。

但是，手冢并不是一个因恶性嫉妒就摧毁年轻人才能的讨厌家伙。他立刻承认了自己的过错并向石森道歉。不仅如此，他还仔细分析了人气年轻漫画家的作品，对"读者追求的是什么"进行了研究，并将结果反映到了自己的新作上。也就是说，他将嫉妒巧妙地转换为了创作的原动力。

关键词 → ☑建议

10 心存嫉妒的人会采取的三种行为模式

抱有嫉妒的人，往往会想要拉嫉妒对象下台，或倾向于避开嫉妒对象，这些行为都会导致人际关系破裂。与此相对，其实向嫉妒对象学习是非常有效的。

在重视多样性的现代，性别、年龄就不用说了，和不同国籍、不同人种的人一起工作、学习也已非常普遍。因此，因价值观不同而烦恼、嫉妒的情况并不少见，这样的人所采取的行为模式大致可分为三种。

首先是"拉嫉妒对象下台"的排除障碍行为。在工作中拖后腿，在背后散布贬低他人的坏话，通过降低对方的地位来提高自己的地位，这种行为如果顺利的话，只需要花费很少的精力就能得到想要的结果。但是，如果排除障碍的行为被发现，

与嫉妒对象的有效接触方法

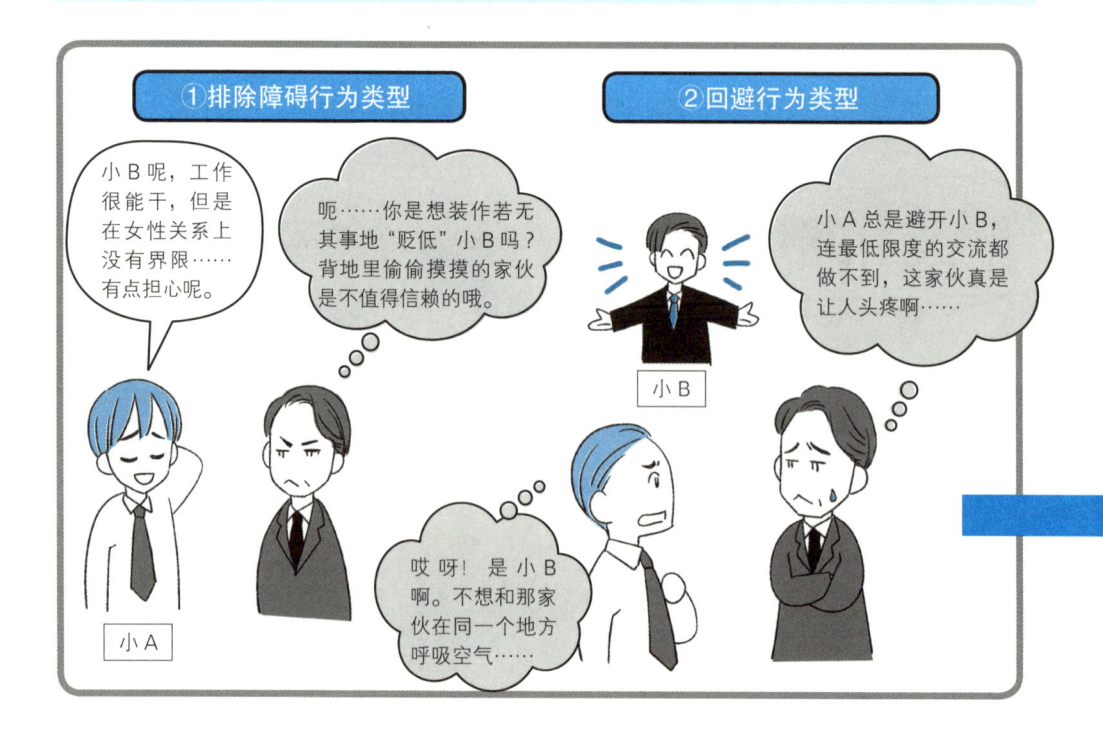

①排除障碍行为类型

小B呢，工作很能干，但是在女性关系上没有界限……有点担心呢。（小A）

呢……你是想装作若无其事地"贬低"小B吗？背地里偷偷摸摸的家伙是不值得信赖的哦。

哎呀！是小B啊。不想和那家伙在同一个地方呼吸空气……

②回避行为类型

（小B）

小A总是避开小B，连最低限度的交流都做不到，这家伙真是让人头疼啊……

不仅是嫉妒对象，就连周围的人也会因此对此人产生不信任和厌恶感，从而使得这类人自身被孤立的风险变高。

其次是"不与嫉妒对象接触"的回避行为。相较于排除障碍行为，虽然该行为不太可能导致这类人与周围人为敌，但也会导致无法顺利沟通，最终使他们在群体中被孤立。

最后是"向嫉妒对象寻求<u>建议</u>"的积极行动。通过请教对方比自己优秀的理由，获得成长的温馨提示。这种行为模式可以让嫉妒对象觉得"自己受到了（怀有嫉妒的人）的尊重"，从而与被嫉妒对象建立良好的人际关系。双方可以合作，生产效率也会提高。

③积极行为类型

请问可以向你请教做策划的诀窍吗……

如果我的建议能帮上忙的话，我很高兴！

那两个人关系很好，这次的项目就由小 B 负责领导，小 A 负责后勤支援吧。

①②不仅是和嫉妒的对象，和周围人的关系也会恶化，被集体孤立的可能性也会变高

③不仅是和嫉妒对象，和周围的人也能建立良好的人际关系，和①②不同，工作效率也会提高

关键词 → ☑角色身份

11 如果你的下属陷入嫉妒怎么办

为了让多名下属能够顺畅地进行沟通，协调人际关系也是上司的职责。因此，当你发现某个下属对其他下属怀有嫉妒时，如何巧妙地疏导这种情绪就显得尤为关键。

在现代的职场和学校中，人数越多，就越能接触到持有不同价值观的人。因此，最近企业的人事部门也开始重视基于个人标准的绝对评价。但是，在日本，以集体为基准的相对评价的风气根深蒂固，很多人在与"优秀"的人比较时会感到沮丧，不知不觉中就会产生嫉妒。

如果对陷入嫉妒的人置之不理的话，这个人不仅会在群体中被孤立，和周围人的关系也会恶化。这种情况若是发生在作为经济活动场所的职场上，组织的生产效

通过分配"角色身份"来改变意识的方向！

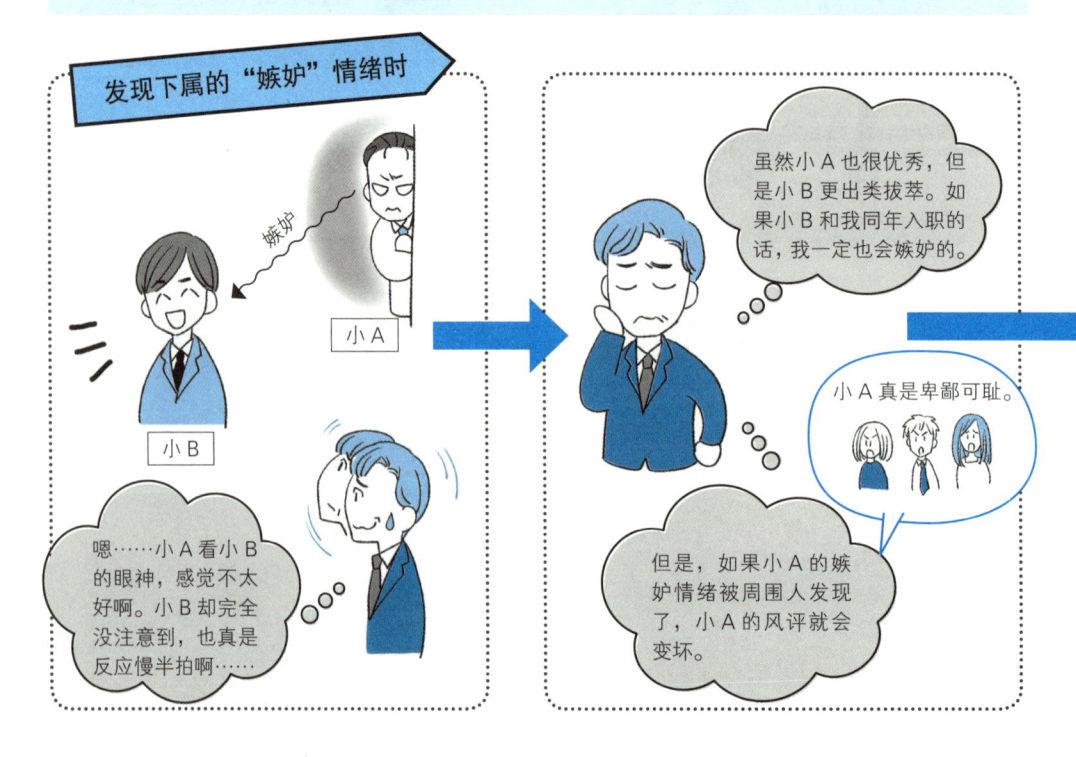

发现下属的"嫉妒"情绪时

嫉妒
小A
小B

嗯……小A看小B的眼神，感觉不太好啊。小B却完全没注意到，也真是反应慢半拍啊……

虽然小A也很优秀，但是小B更出类拔萃。如果小B和我同年入职的话，我一定也会嫉妒的。

小A真是卑鄙可耻。

但是，如果小A的嫉妒情绪被周围人发现了，小A的风评就会变坏。

率就会显著下降。

因此，如果发现自己的下属强烈嫉妒同事等组织内的人，上司就要通过满足该下属"自己比同事更优秀"的认可欲求，减少其负面情绪。

这时，分配"**角色身份**"就显得尤为重要。如果有10位下属，就一对一地给他们分配10个角色，这样他们就会集中精力完成自己的任务，也就不会对他人产生嫉妒。上司应该在平时充分了解下属的长处和短处，尽可能地根据每位下属的长处来安排角色与工作。

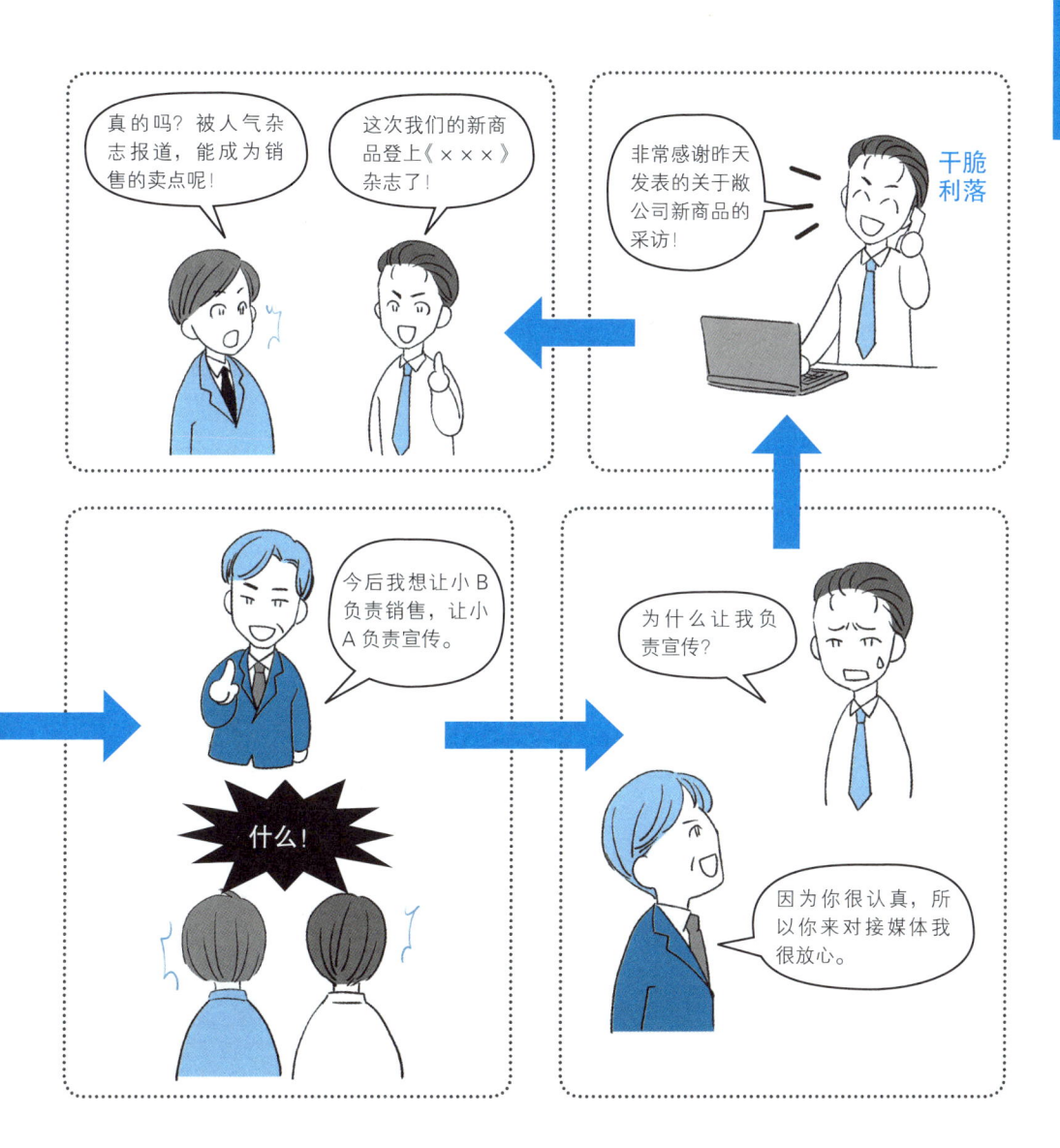

关键词 → ☑隐藏、回避、携手合作

12 如果自己成为被嫉妒的一方，可以采取的三种行为模式

被嫉妒是被关注的另一面。因此，拥有一定地位和才能的人，为了防止遭到嫉妒者的某种"攻击"，大致可通过三种行动来设置防线。

到目前为止，我们讨论了嫉妒方的应对方法，在本节中，我们将介绍被嫉妒方应采取的行动。归根结底，被嫉妒是指对嫉妒的一方来说，那个人是"比自己优秀（幸运）"的存在。因此，虽然也有一些人会将他人的嫉妒转化为自信，但大多数人都会害怕被他人怨恨，也就是说，他们会警惕嫉妒者是否会做出贬低或伤害自己的行为。

所以，无论是幸运还是不幸，为了缓和嫉妒者的负面情绪，都建议采取以下三

避免遭到"嫉妒"的三种行为

应对方法 ❶ 隐藏　不要让对方看到产生"嫉妒"的原因（长处或实力）

因为是海归，所以英语、法语都很流利，真嫉妒啊！

嫉妒

小A

哇，好难对付啊……

小B

能拜托谁来担任从美国来的客人的向导吗？

如果我也参加竞选，凭我的外语能力，应该会选我吧……

我！

但是，这种行为做得太频繁的话会被认为没有干劲，可能也会被周围的人埋怨

种行为模式中的一种。首先要"**隐藏**"自己的长处。正所谓"雄鹰藏爪",不展示自己的实力,会让对方觉得你"不值得被嫉妒"。其次是"**回避**"嫉妒的人。不仅是保持物理上的距离,选择与嫉妒自己的人不同的角色,保持心理上的距离也是很有效的。最后的行为就是和嫉妒自己的人"**携手合作**"。当然也有被对方拒绝的可能性,但还是要提供建议和帮助。这个方法也能帮助嫉妒者获得成长,缩小其嫉妒的原因,即"和被嫉妒者的差距",最终缓和他的负面情绪。

> "携手合作"也许是最好的。

> 与其说是单纯地保持距离,不如说是活跃在不同的舞台上。

应对方法 ❷ 回避 与心怀嫉妒的人不仅在物理上要保持距离,在心理上也保持距离

> 不好意思,能派你担任美国公司的当地法人吗?为期三年左右。

> 我很乐意接受!

> 如果我不在这里,小A也能发挥出自己的本领了吧。

应对方法 ❸ 携手合作 向对方传授导致"嫉妒"产生的能力,建立互助关系

> 我可以帮你做英语翻译,你能帮我检查一下我的翻译在日语上有没有问题吗?

> 呃?啊……明白了。希望你帮忙翻译的英语,稍后会发邮件给你。

关键词 → ☑ 援助

13 因为不想被他人嫉妒所以施以援手

前面介绍过的与嫉妒自己的人"携手合作"的行为模式，其效果通过社会心理学家范德文的心理学实验得到了验证。让我们来看看结果。

社会心理学家范德文为了验证与嫉妒自己的人"携手合作"这种行为模式的效果，召集了60名男女参与者进行了心理学实验。在对他们说明研究目的是"确认金钱奖励对业绩的影响"的基础上让他们着手进行实验任务。随后，向参与者们说明他们的"同伴"也在另一个房间里做着同样的课题，结束后告知参与者们"同伴"得到了和他们相同的分数。接着，将参与者们分为和"同伴"获得相同金额报酬的"控制组"，和得分相同却比"同伴"获得更多报酬的"被嫉妒组"，在此基础

"恐惧"会促成援助行动

你也是Q大学的毕业生啊！那么，就让我来当你的前辈吧。

虽然签下了大额的新合同，但这得归功于客户的老板是母校的校友啊。

小A

T公司的合同签下来了吗！那家公司的老板非常固执，好几次都将我拒之门外……

小A很容易被独断专行的企业经营者喜欢。既羡慕又不羡慕……

上，致力于新课题的"同伴"开始向参与者寻求建议。

在这个实验中，大部分参与者对课题的所有问题都提出了建议，"控制组"的比例是60%，而"被嫉妒组"的比例是82.5%，出现了很大的差异。也就是说，"被嫉妒组"害怕自己比"同伴"得到更多的报酬会被嫉妒，所以想通过**援助**同伴的方式来减少对方的负面情绪。

实际上，经过多次实验证实，对方怀有恶性嫉妒的可能性越高，援助行为就会越频繁，而怀有良性嫉妒的情况下，援助行为反而会减少。

4

如何弥补团队成员之间的热情差距

如果团队成员的方向不一致，就无法取得很大的成就。在此，我们将探索如何弥补团队成员之间存在的温差。

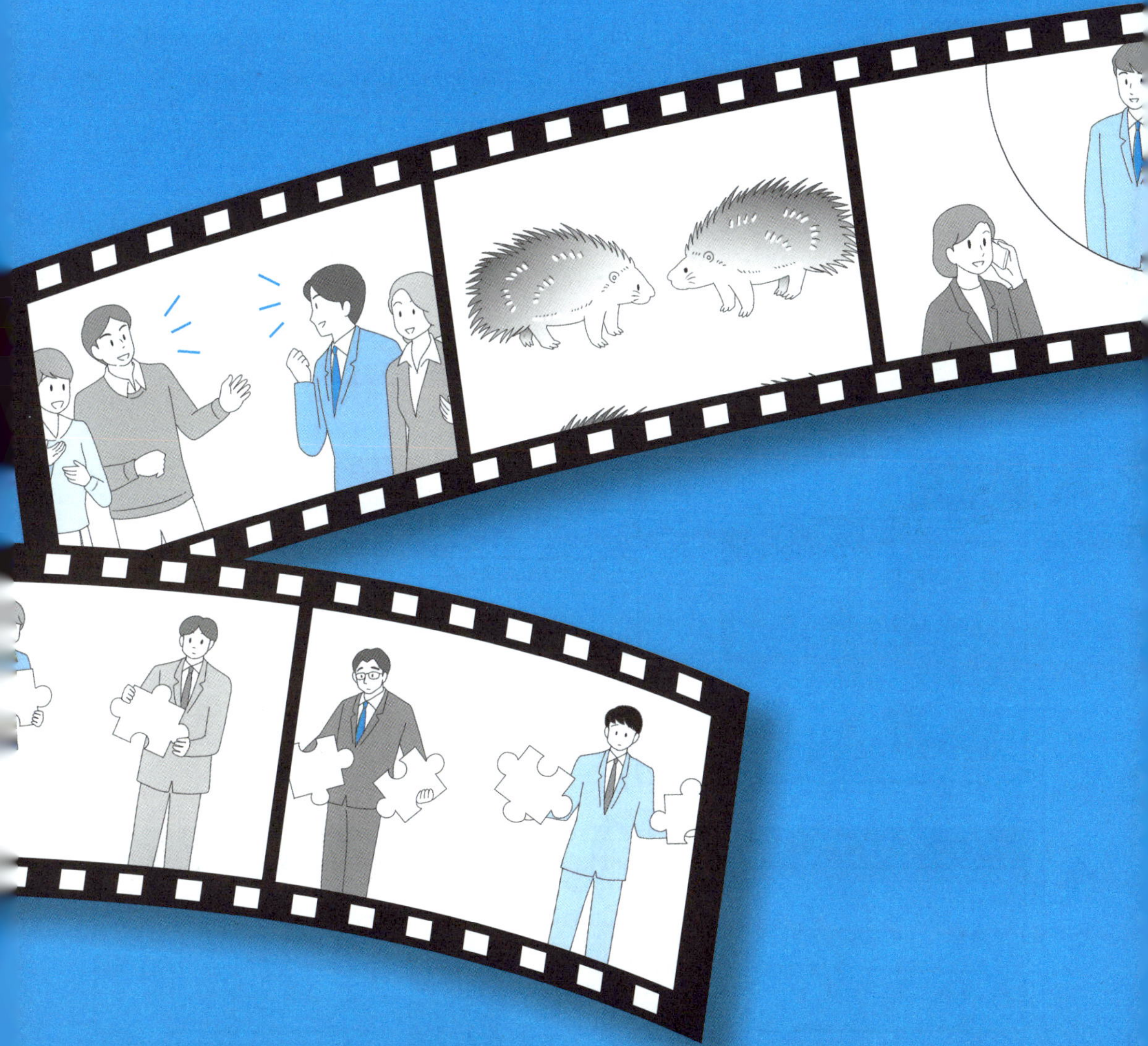

关键词 → ☑资源交换

01 上司和下属的关系可以在一瞬间决定吗

组织心理学认为,上司和下属从相遇的瞬间起就会进行**资源交换**。在本节中,我们将解释什么是"资源",并介绍确立上司与下属关系所需的时间。

在组织心理学的世界里,金钱和社会地位等都被称为"物质资源",而上司给予下属的信任和成长上的帮助、下属对上司的尊敬以及提供的劳动等被称为"心理和社会资源"。上司和下属基本上是资源互换的关系,从以下实验可知,在相遇的瞬间,他们就会开始交换资源。

在"让扮演下属的学生和初次见面的上司一起工作"的实验中,一组学生是和经常与下属交谈的上司一起度过,另一组是和不闲聊、即使下属搭话也不理睬的上

上司和下属交换的"资源"是什么?

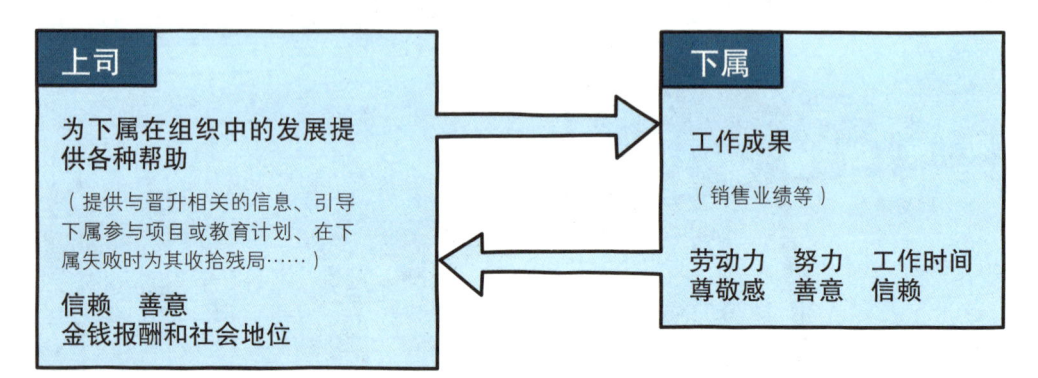

上司
为下属在组织中的发展提供各种帮助
(提供与晋升相关的信息、引导下属参与项目或教育计划、在下属失败时为其收拾残局……)
信赖　善意
金钱报酬和社会地位

下属
工作成果
(销售业绩等)

劳动力　努力　工作时间
尊敬感　善意　信赖

要点①
上司不提供任何"资源",只是从下属那里单方面接受"资源"的关系,就是所谓的"剥削"。

要点②
如果上司和下属之间有很强的信赖关系,就会对彼此的心情(善意和期待)进行回应(善意的报答性)。

司一起度过。10分钟后，对扮演下属角色的学生进行问卷调查，结果显示，前一组学生对上司的正面评价明显更多。换言之，上司通过"闲聊缓解下属的紧张感"，得到下属的"正面评价"，双方进行了"心理和社会资源"的交换。也有研究发现，上司和下属之间建立稳定的关系并不需要太长时间，只需一个月左右。

另外，上司基本上会对所有的新下属抱有期待，但问卷调查表明，上司和与自己有相似部分的下属，关系会发展得更好。也就是说，新下属给上司留下的第一印象，可能也会左右他之后与上司的关系。

①仅仅10分钟也能决定上司和下属的关系

- 有什么不懂的，尽管问，多问几次就好啦。
- 是个很温柔的上司，真是太好了。
- 如果有不明白的地方，提问前先自己好好想想吧！
- 真倒霉啊，抽到不好的上司……

②上司和下属的关系随着时间的推移变得越加稳定

- 全力以赴吧，不要有顾虑，我会为你兜底！
- 明白了！
- 对不起，我无法忍受了。
- 什么！真是的，近来的年轻人真是没有耐性啊！

双方的亲切形象和友善回应是上司和下属建立良好关系不可或缺的因素！

关键词 → ☑温差

02 下属对工作的热情度取决于和上司的关系

人际关系的建立当然也会发生在职场中,其中上司与下属的关系尤为重要。这种关系并不总是相同的,不同的人之间会产生多种多样的关系。但是,需要注意关系的**温差**。

当新下属被分配到职场中,上司会立刻与其进行资源交换。上司为下属提供升职加薪的机会与信息、培训机会和参与项目的机会等,而下属则回报给上司工作成果和成绩、工作热情以及对上司的尊敬。在这种资源交换中,就形成了关系。资源的内容因人而异,因此关系的种类也是多样的。有时还会超越上司与下属的身份,形成情感上的深厚关系。

这里需要注意的是,职场中的人际关系之间存在质的差别。虽然身处同一个职

和上司关系好的下属更加努力

上司

下属

产生关系 →

自己人(内群体)
畅聊中

外人(外群体)
好像很开心呢……

场环境，但在出现与上司关系良好的"自己人（内群体）"的同时，与上司关系不太好的"外人（外群体）"也会出现。与上司关系良好的下属能够明确认识到自己的工作职责，对工作的满意度以及对组织的归属感也更强。而且，他们的客观表现与受到的评价也很高，职业发展也更顺畅。相反，和上司关系不好的下属较之"内群体"的下属，对工作的满意度以及组织归属感都较低，其工作表现不理想，对上司评价也较低。关系性质的不同会对工作表现产生极大影响。

关键词 → ☑ 幸福感

03 温暖的人际关系能提高生活质量

已知良好的人际关系能提高工作效率,但它可能具有更大的作用。本节将介绍从哈佛大学的研究中推导出的提高生活质量的必要条件。

为了提高生活质量,什么是必要的?哈佛大学进行的格兰特研究或许能够解答这个问题。这项研究于1938年开始,在80余年间,追踪记录了两组、超700名参与者的生活。第一组是毕业于哈佛大学的男性,研究开始于他们大学二年级。第二次世界大战后,他们从大学毕业并服兵役入伍。第二组是来自波士顿最贫困地区的少年。他们的生活极其困窘。

此后,研究人员持续对这些人的事业、家庭、健康状况进行访谈和问卷调查,

人际关系和生活质量的关系是怎样的?

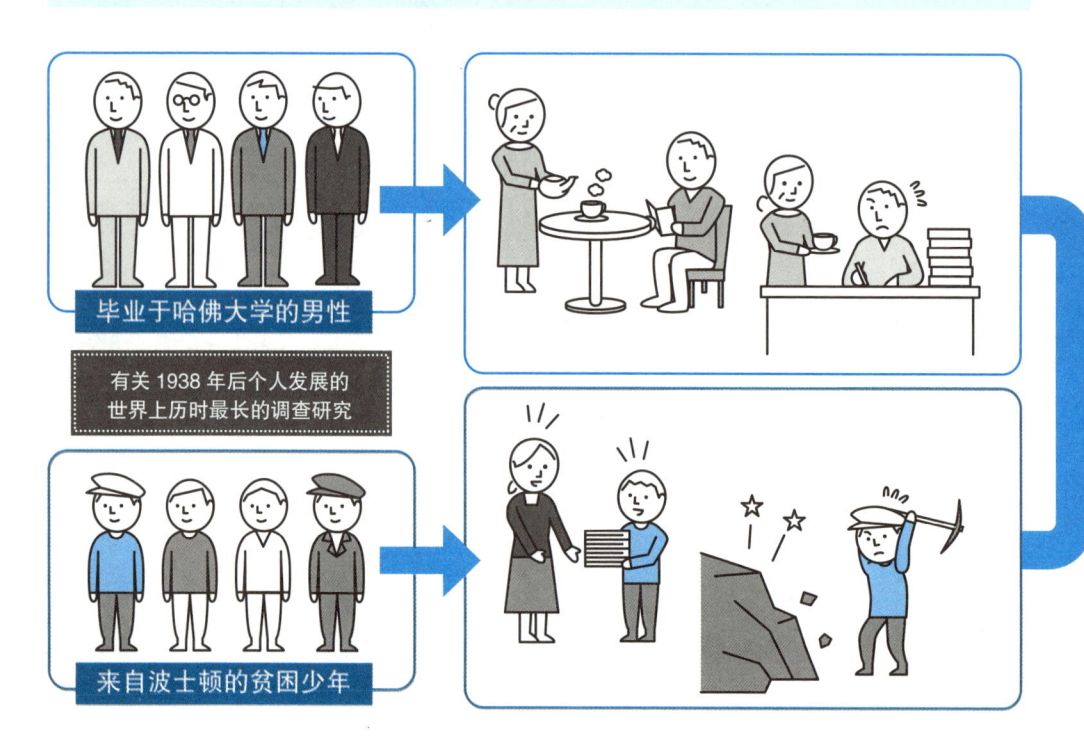

毕业于哈佛大学的男性

有关1938年后个人发展的世界上历时最长的调查研究

来自波士顿的贫困少年

不仅记录调查结果，还从他们的主治医生处获取诊疗记录，采集血液样本并进行脑部扫描。除此之外，还会对参与者的家人进行访谈，收集多方面数据。这项研究得出的结论是：让我们的人生变得更加幸福、健康的是良好的人际关系。与家人、朋友、社区有联系的人比没有联系的人**幸福感**更强，也更加健康。研究还表明，与人际关系质量较低的人相比，人际关系质量高的人年收入更高。在职场上，我们将度过人生中大部分宝贵时间，因此，我们应该注重职场人际关系及其质量。

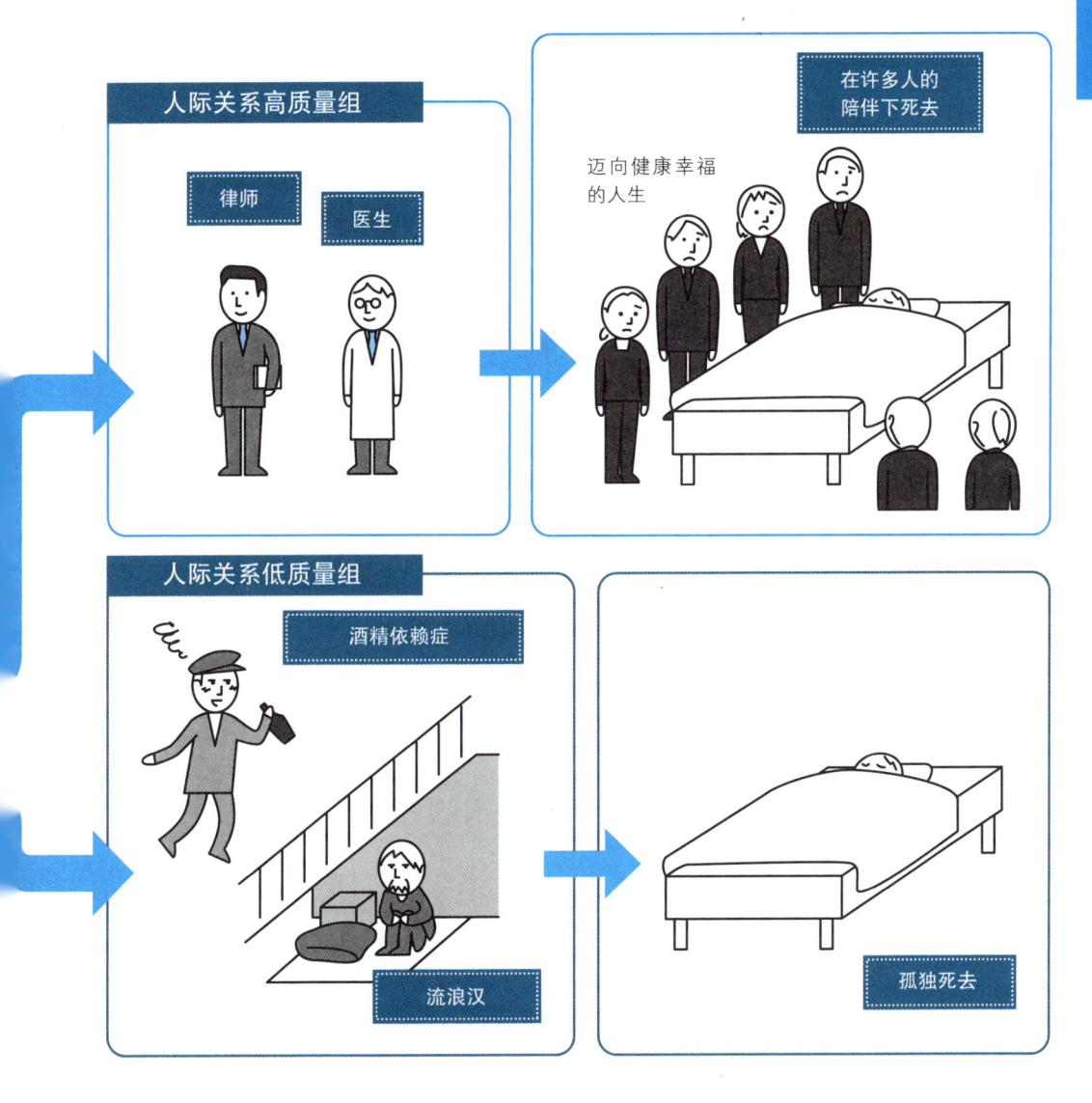

人际关系高质量组
- 律师
- 医生

迈向健康幸福的人生 → 在许多人的陪伴下死去

人际关系低质量组
- 酒精依赖症
- 流浪汉

→ 孤独死去

关键词 → ☑动机的差异

04 组织内的动机差异

动机就和人的性格一样，因人而异。但是，如果因为动机的强弱而影响到绩效，那就麻烦了。那么，应该如何增强员工的动机才好呢？

个人的行动直接影响着组织的绩效，因此提高个人行动的动机也非常重要。动机可以分为自发产生的内部动机和受外部刺激产生的外部动机。前者即使没有周围的影响，也能自发地产生。如果所有员工都能在内部动机的作用下保持较强的动机，实现最优绩效水平，那就没有问题了，但组织中不可能只有"意志坚定的人"。因此，组织中就会产生动机的差异。

一旦组织内部存在动机的差异，组织内部的绩效就会受到影响。为了防止这种

提高工作动机的方法

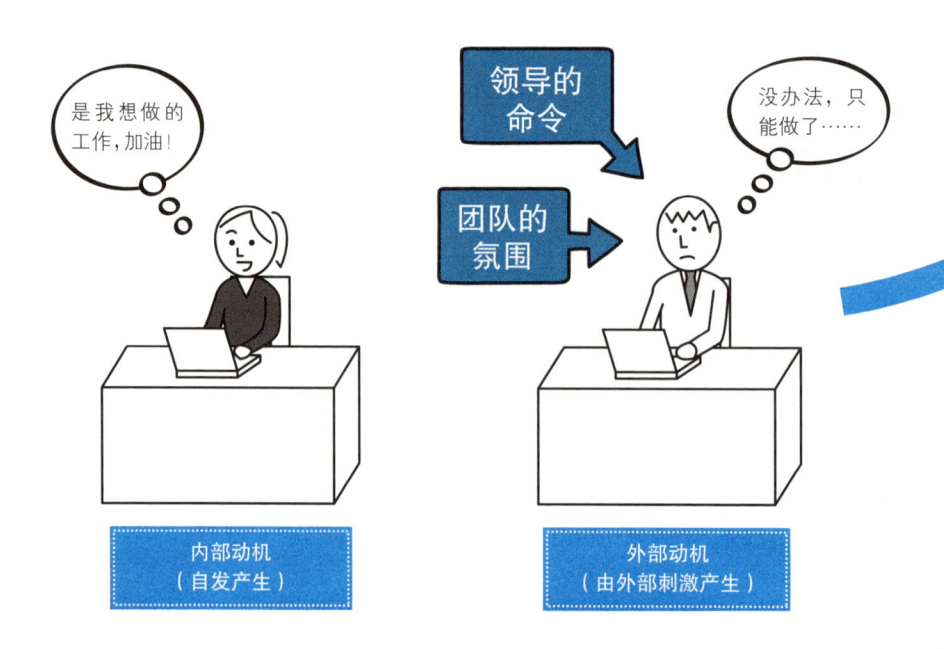

是我想做的工作，加油！

领导的命令

团队的氛围

没办法，只能做了……

内部动机
（自发产生）

外部动机
（由外部刺激产生）

情况的发生，改变外部动机是必不可少的。有运动经验的人或许都知道，当一个团队朝着目标努力的时候，即使是对个人而言很难完成的训练，如果是和同伴一起，也能拼命努力完成。像这样，组织整体的氛围和规范会对个人的动机产生很大的影响。决定成员行动的是个人自发的内部动机和外部刺激促生的外部动机的组合。因此，不要依赖每个成员的意志强弱，而是要探索如何才能构筑成员之间这种相互激励的关系，保持组织内较强的动机。

4　如何弥补团队成员之间的热情差距

干吧！

还是提不起什么干劲。

一旦不同成员的工作动机有差异，绩效也会产生差异！

这是个重要的项目，大家一起加油吧！

提高团队整体的工作动机，增加外部动机！

再多做一些吧！

为了大家，再加把劲吧！

工作动机较弱的成员动机增强了，绩效也提高了！

关键词 → ☑绩效

05 组织中上下级关系对绩效的影响

如果一个组织内全员的关系质量都很高，组织一定有很好的绩效，这是毋庸置疑的。但是，这是不现实的。那么，应该重点提高组织内哪些关系的质量呢？

有研究结果表明，组织中存在各种各样的关系，其中会对绩效产生重大影响的是上下级关系。该研究以美国心理学家葛伦等人进行的现场实验为基础，对领导与组织成员之间的人际关系质量进行了实证研究。该研究的对象是在美国中西部的政府军事部门中从事同样工作内容的人，几乎全部是女性。研究时，被试被分配到四种培训情境中。

第一种是以讨论职务状况的变更和存在问题为中心的职务设计培训。第二种是

利用上下级关系提高绩效

与领导关系质量高的小组

领导与成员的关系多种多样

与领导关系质量低的小组

领导力的培训，以实现上司和下属的相互理解，构筑支援性关系为目标，包含讲授、讨论、角色扮演等培训内容。第三种则是结合了前面两种培训内容的情境。第四种是控制情境（提供与决策和沟通等相关的普通信息）。被分配到各培训情境中的对象，均接受了工作态度、满意度、关系质量等问题的询问，结果显示，接受第二种培训的被试在所有指标上的评分都较高。这是第一个展示了高质量上下级关系的有效性的案例。

高绩效与满意度

完成啦！
太好啦！

即使绩效和满意度很低……

和领导的关系质量提高后……

绩效和满意度上升！

关键词 → ☑ 寒暄

06 活用"寒暄"来弥补工作热情差异

当你成为团队领导时,你能与团队所有成员都建立起高质量的关系吗?在本节中,我们将要讨论建立高质量上下级关系的方法。答案的关键在于"寒暄"。

作为上司,有时不得不依赖工作能力强的成员。其结果是,组织可能会出现人际关系不协调的情况,但也有可能通过成员之间的互相帮助、互相竞争,取得意想不到的协调效果。我们在承认职场人际关系不协调的同时,也要思考提高组织绩效所必需的管理方法。要想有效管理,与成员的沟通是必不可少的,但毫无疑问,特地去协调时间和地点,然后与成员进行交流是一件耗费精力的麻烦事。

沟通基本上就是成本,"寒暄"是用最低的成本发挥最大效果的一种沟通方

沟通是成本

108

式。寒暄有三个稳定组织的功能。第一个功能是宣告沟通的开始，第二个功能是表示友好，第三个功能是确认立场和关系。举个例子，某家公司有两家工厂，一家工厂有多名员工抱怨自己的心理状态差，另一家工厂则一个抱怨的员工都没有。造成这种差异的正是组织中寒暄的有无。在没有员工抱怨自己的心理状态差的工厂里，厂长每天早上都会跟每一位员工打招呼。领导主动向员工打招呼，恐怕没有员工会不回应吧。虽然是简短的话语，但寒暄的有无会对组织产生很大的影响。

沟通的巨大效果

工厂 A

早上好。
早上好。
好像和往常有些不一样啊，去问问吧。

→ 心理状态差 **0 人**

工厂 B

→ 心理状态差 **多人**

简单的寒暄能产生巨大的效果！

关键词 → ☑向量、口号

07 通过让团队齐心协力来弥补工作热情差异

越是高绩效的团队，越会关注团队成员的"**向量**"。因为如果成员追求的目标不一样，他们投入的精力也会不一样。

团队都是有"向量"的。所谓"向量"，是指每个成员努力的"方向"。如果一个人朝着A的方向倾尽全力，而另一个人朝着B的方向工作，其他人也朝着各自的方向工作，那么团队整体的绩效会如何呢？

若两个人朝着两个完全相反的方向努力，他们所付出的努力也就处于一条对角线上而相互抵消了，这样很可能导致一个人的努力会因为其他人的努力而完全白费。因此，为了维持整体的高绩效，团队需要统一目标，营造一个大家都能朝着同

目标分散的团队

总是出外勤，完全搞不懂公司里的团队到底在干些什么……

销售额下降的原因是什么呢？

销售额

如果团队的每个人都朝着不同的目标（方向）努力，力量就会分散。即使有人在努力，但如果有另一个人朝着相反的方向投入同样的努力，力量就会相互抵消，如果整个团队都是如此，团队只会离目标达成越来越远

最近空闲时间变多了啊……还有其他能做的事情吗？

和这个人碰头，对整个团队来说是必要的吗？

一直加班，这个工作到底有什么意义？

一个方向努力的环境。

能让团队朝着一个方向齐心协力的有效方法就是设置一个"**口号**"。所谓口号，就是一种能统一团队成员意识的简单易懂的语言。很多实力强劲的大学运动队都会自创口号在团队中共享。越是强大的团队，越能通过口号团结一心、齐心协力。但是，在制作口号时需要注意的是，词句必须与自己想要达成的目标以及针对该目标应采取的具体措施有关系。也就是说，要让每个成员在看到口号的时候都能意识到自己应该做什么，口号如果不励志，那也就没有意义了。

目标一致的团队

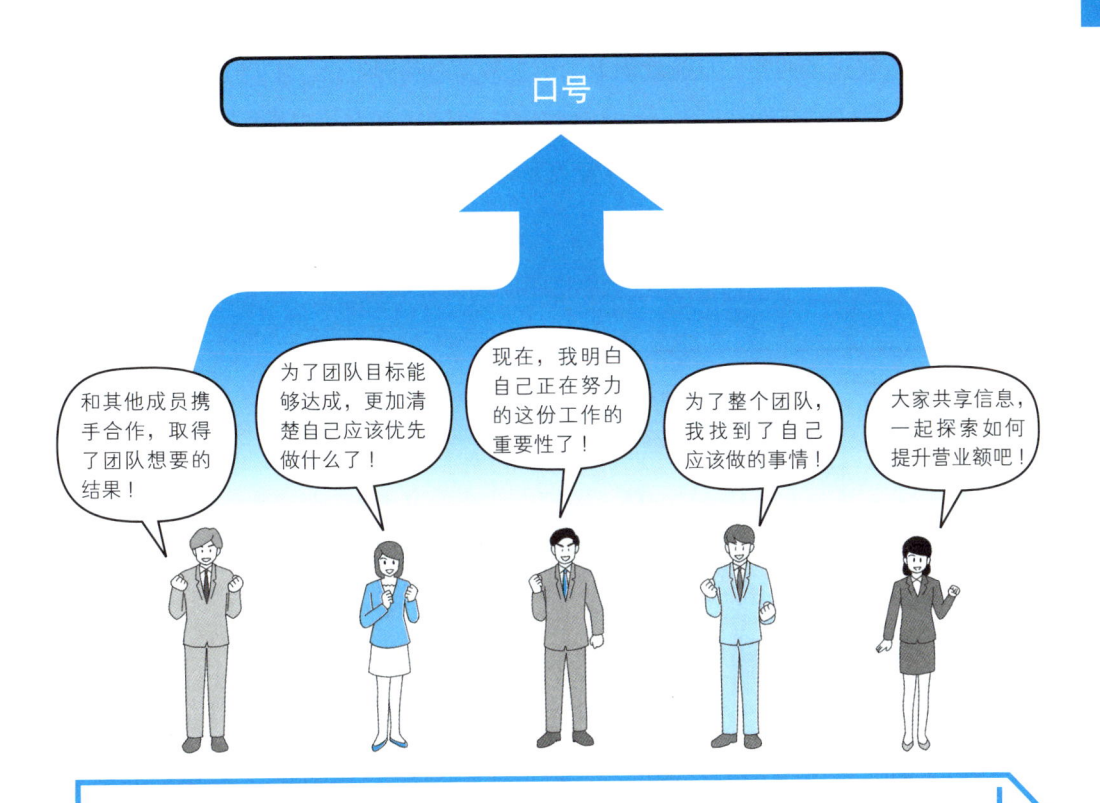

口号

- 和其他成员携手合作，取得了团队想要的结果！
- 为了团队目标能够达成，更加清楚自己应该优先做什么了！
- 现在，我明白自己正在努力的这份工作的重要性了！
- 为了整个团队，我找到了自己应该做的事情！
- 大家共享信息，一起探索如何提升营业额吧！

通过制作口号，定期确认团队整体的目标，团队内部的沟通会变得顺畅，每个人也都能明白自己现在所做的工作对团队整体的贡献有多大。由此，统一了每个人努力的方向，从而凝聚全员的力量，大家齐心协力，朝着目标前进

关键词 → ☑哲学

08 实现逆风翻盘的日航哲学

于2010年破产重组后，日本航空公司（简称日航）仅过两年就创下了历史最高的净利润纪录，实现了完美的逆风翻盘。在日本航空破产重组的背后，京瓷创始人稻盛和夫制定的"**日航哲学**"发挥了很大作用。

口号不仅能统一小型团队的意识，在大型组织中也能统一团队成员的意识，提高组织绩效，使团队脱胎换骨。最具代表性的例子就是"日航哲学"。2010年，日本航空公司背负着约2兆3000亿日元的巨额债务宣告破产，为"二战"后最大规模的负债。但是仅仅过了两年，日航就创下了历史最高净利润纪录，实现了逆风翻盘。

实现这一逆风翻盘的功臣，就是创立京瓷和第二电电（现在的KDDI）的实业家稻盛和夫。日本航空公司是一个有着数万名员工的大规模企业，稻盛和夫为了对

日航戏剧性的逆风翻盘

采取恰当的重组方式，实现戏剧性的"起死回生"

日航的业绩和主要事件

主要事件标注：
- 日本航空、日本佳速航空合并
- 航空事故频发，国土交通省命令其业务整改
- 因雷曼事件，需求减少
- 采取恰当的公司重组方式
- 重新上市

图例：营业损益（主坐标轴）、自有资本率（次坐标轴）

年度：2002 03 04 05 06 07 08 09 10 11 12 13
2012—2013年度公司的业绩预估

出处：DIAMOND ONLINE【企业特集】日本航空（上）破产重组后营业利润2000亿日元日航式经营的精髓

> 日航之所以能够实现戏剧性的逆风翻盘，并不仅是因为采取了恰当的公司重组方式，还是因为应用了深入人心的"日航哲学"。

全体员工进行意识改革，制定了重组日航的经营理念"日航哲学"（在破产一年后公布）。作为员工行为准则的日航哲学，仅制定出来是没有意义的，还必须向全体员工普及。为此，日航每年都会进行多次员工教育，采取各种各样的举措，脚踏实地地从根本上改变了全体员工的意识。结果就是，破产前，员工们的想法和意志（目标）都是一盘散沙，而破产后，这些想法和意志（目标）在部门内、部门之间更容易达成一致，员工会更加开朗积极，怀着一种整体感专心致志地工作。像这样，在企业规模的组织中，有必要采取相关措施来统一努力方向。

日航哲学使组织焕然一新

日航哲学是什么？

- 在日航重建的领导者稻盛和夫的指导下推敲制定
- 为了改革全体员工的意识而制定的"明文规定的经营理念"
- 涵盖经营方针、领导行动、现场服务等广泛内容

> 破产企业重建最重要的就是改革全体员工的意识。

稻盛和夫

第2章 拥有正确的思考方式
- 人要判断什么是正确的
- 拥有美丽的心灵
- 始终保持谦虚、坦诚的心态
- 要乐观积极
- 小善如大恶，大善似无情
- 构建自己的舞台，哪怕很小，也要站在最中间战斗
- 把事物简单化
- 树立两面观

第3章
- 认真拼命地专注工作
- 带着热情脚踏实地努力
- 注重积累
- 有意地迎合工作
- 怀有对工作的热忱
- 完美主义

通过制定日航哲学，并将其渗透到整个组织中，破产后的员工变得比破产前更积极、更团结，更能朝着同一个方向努力工作

普及日航哲学的措施

- 稻盛和夫的演讲
- 关于日航哲学内容的讨论
- 全体员工随身携带日航哲学手册
- 定期举行日航哲学教育活动

关键词 → ☑愿景

09 通过共享愿景，使团队更强大

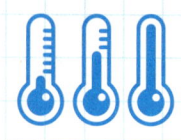

口号是重视传达便捷性的标语（话语），而"**愿景**"是每个组织的理想形态。如果组织能够共享"愿景"，将会阶段性地获得三个好处。

日航哲学的目标是与公司全体员工共享同一个"愿景"。所谓愿景，就是指组织的"理想形态"。

通过与员工共享愿景，将会阶段性地获得三个好处，而且这三个好处将在每个阶段中逐渐进化。共享愿景的第一步是"提供动机，使员工进行心理准备"。全体员工在得到同一个愿景后，员工们会有意识地告诉自己"这就是我们的目标"，并产生动机，对未来的工作有了心理准备。

愿景给团队带来的积极效果有三个

第一步：提供动机，使员工进行心理准备

愿景

- 只是听从和完成上面的指令，可没办法实现啊。
- 之前一直迷茫着，终于看到了前进的方向。
- 如果想要实现这个愿景，首先需要做这些事啊。

第二步是"对愿景抱有信心，并自主行动"。不同岗位的各个员工对愿景有一定理解并接受后，他们会开始自主地行动。为了使团队成为一个有价值的组织，向着愿景持续发展，人们开始清晰地了解到自己应该为谁做些什么。

第三步是"促进团队沟通"。所谓愿景，换言之就是组织内的"正当理由"，这里的正当理由，就是指员工在犹豫不决或者迷茫时心灵的依靠。此外，如果有些事对同事或者上司无法开口，员工也可以将"正当理由"作为托词，使自己更容易开口。由此，团队内的沟通就会变得更加通畅。

第二步：对愿景抱有信心，并自主行动

先开始处理那些以前能完成，但是没有付诸行动的事情吧！

为了达到愿景，通过汇报让大家听听我的具体规划吧！

与难对付的人见面，让他了解我们公司的愿景。

第三步：促进团队沟通

平常这些问题难以启齿，但为了实现愿景，还是有必要问问看！

愿景

与没有愿景的组织相比，共享愿景（对该组织来说是正当理由）的组织中，成员会更容易把难以启齿、难以接受的事情依托于愿景，使自己更容易开口和聆听。这将使组织内部的沟通更加顺畅

可能我说的话有些刺耳，但是为了实现愿景，我一定能够获得理解。

关键词 → ☑热情

10 真正能够消除热情差异的信息共享是怎样的

无论是个人还是团队，如果想要保持高积极性，沟通都是不可或缺的。但是，如果将沟通理解为单纯的信息共享，就会有更大的陷阱在等着我们。

为了提高组织的绩效，保持个人和团队的积极性是必不可少的。想必大家都明白，沟通对积极性能产生极大影响。但是，真正能提高人的积极性，并且能让人行动起来的沟通方式是什么样子的，了解的人却出乎意料地少。人们往往会认为工作现场出现的问题是沟通不足造成的。想必很多人都有过这样的反省："早知道我应该多沟通的。"

沟通不只在于分享信息的数量。例如，在对方不太理解我方的发言，或是对我

仅进行信息共享时会出现的交流陷阱

新职员：前辈说的这些话，有点难懂呀。我大概是这样理解的，但也不好问啊……
"好的，我知道了。一定会努力交齐。"

老职员：因为这个工作是这样那样的，所以这样做就可以了。能赶上提交日期吧？
"她工作能力比较强，说到这里应该就能理解了吧。"

仅靠语言交流，无法弥补人与人之间的"温差"！

失去积极性的人：这个人是不是有点太超前了。跟不上节奏啊。
"嗯，是啊，让我想想……"

积极的人：基于以上内容，你认为我们团队最先应该做的事情是什么？
"我必须发挥带头作用，带领大家向前！"

方发言不感兴趣、持有反对意见等情况下，即使单方面地持续传递信息，事情也不会顺利进行下去。即使增加了沟通中的信息量，如果双方不能以同样的**热情**来理解信息，也不能说达到了交流的目的。交流并不是单纯的信息和语言的交流，而是弥补彼此信息量和热情差异的过程。只有做到这一点，才能说实现了真正的沟通，实现了信息共享。

沟通的真正目的是弥补"温差"！

冰冷的手　　　　　　　　　　　温暖的手

沟通时的温差，就像握手时体温的温差一样。手热的人和手冷的人握手时，其温度是有差异的，但一直握着，随着手热的人的热量传递，这种差异就会消失。沟通也是如此，为了缩小彼此之间的温差，不仅要传达"信息"，还要传递"温度"

他这样说，我就更容易提问了，也不容易产生误解，真是太好了。

如果你对我说的有不明白的地方，尽管问我就好。

能够专注做自己想做的事情，真是太感谢了。

××先生，您想在这次的项目中挑战什么呢？

关键词 → ✓既成事实

11 处理共享信息时应注意的两个要点

在共享信息时，有一些需要注意的地方。有时我们只是想要共享信息，结果却降低了团队的积极性，或是妨碍到问题的解决。在这一节中，我们将会学习共享信息时的注意事项。

信息共享时，除了"温差"之外，还需要注意以下两个陷阱。第一个陷阱是"信息共享只是徒有虚名的告知"。在工作场合中，很多人的信息共享只是为了制造出"我已经把信息传达给你了"的既成事实。

特别是在扣分式考核体系的职场中，员工往往有保留"传达了/没传达"的工作痕迹的倾向。因此，比起对方是否认真确认并理解了信息，他们会更倾向于有意

信息共享中出现的两个盲点

其一：信息共享只是徒有虚名的"告知"

B可能很忙，但该说的还是得说。之后如果她说"没听说过"，那就麻烦了……

在信息共享时，必要的是根据信息的重要程度筛选，并将该信息准确地传达给对方。尽管如此，也有人会忽略传递的重要性，只是为了制造"自己传达了"的既成事实而共享信息

即使制造出"我已经传达了"的既成事实，也不能实现团队内的信息共享。不要只关注传达不足或传达错误，还要关注"是否准确地传达给对方"。如果不注意这一点，就没办法做到真正的信息共享

我搜索了下，确实有这样的邮件，但是太忙了之前没注意到……怎么只发个邮件过来，如果是很重要的事情，应该当面跟我说吧……

识地留下"传达过信息的**既成事实**"。如果员工抱有这样的意识,信息共享的质量就无法提高,也无法期待他们能够胜任具有生产性、创造性的活动。

第二个陷阱是"信息匮乏的错觉"。在信息泛滥的时代里,我们常常会产生"是不是信息不够充分"的错觉。尽管手头已经收集了足以解决问题的大量信息,但还是会觉得"这些信息还不够",从而继续寻找信息。最终我们会陷入信息过剩的混乱状态,失去解决问题的动力。要切记,信息不是看"量",而是看"质"。

其二:信息匮乏的错觉

拼图(信息)

在现代信息社会,我们能够轻易获得各种各样数量庞大的信息。因此,现代人虽然已经获得了必要的信息,但仍然会陷入"信息不足"的错觉之中

那些认为自己信息不足的人,首先会怀疑自己解决问题的方法(拼图碎片)是不是错了

也许需要另一片拼图碎片。只用这么少的信息无法判断……

结果,明明团队成员把所有的碎片集中起来的话,一开始就能解决问题(也就是已经有了充分的解决方法),然而最后团队却放弃了解决问题

关键词 → ☑ 独家信息

12 提高团队绩效需要的信息共享条件

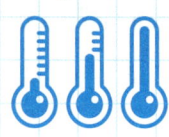

了解过信息共享的陷阱后，接下来需要知道提高信息共享质量的几个要点。重要的是信息"公开"，以及共享每个人拥有的"独家信息"。

具体应该如何进行信息共享，才能提高团队绩效呢？有两个要点。第一个要点是"公开信息"。如果团队成员中有一部分人把某个信息当成了只属于他们的秘密，会如何呢？不知道这些信息的其他人，就无法信任独占这些信息的人，也就无法很好地进行团队合作。首先要做的是信息公开分享。这样一来，就能建立起信任关系，团队的凝聚力也会随之变强。

第二个要点是"共享各自的独家信息"。如果大家都认为把所有的信息全部公

有助于提高团队绩效的信息共享要点

其一：公开信息

窃窃私语

如果团队成员各自不公开信息，部门的人独占或隐瞒信息，成员内部的联系就会逐渐减弱，团队绩效也会随之下降

他们好像有对我们隐瞒的信息……他们到底在想什么呢？这就没办法再信任他们了。

如果能够把各自掌握的信息公开，并分享给所有人，团队的气氛就会变好，成员对彼此的信赖也会增加。在掌握了之前没有公开的信息后，团队也可能会产生新的化学反应，从而提高团队绩效

开也不会受到批评，那么成员之间就会形成合作的氛围。而且，成员消除了"大家应该都已经知道了我所掌握的信息"的想法，就会与他人主动分享自己的独家信息。这样一来，成员间的创意灵感就会产生化学反应，使团队成员更容易找到别人没有发现的线索，从而解决别人无法解决的问题。

另外，如果满足了这两个要点，团队成员将有更多机会接触到各自拥有的独家信息，这会进一步激发成员分享信息的欲望。其结果是团队的创造性和生产性提高，从而实现团队绩效的提升。

其二：共享各自的独家信息

这次的项目和我上次做的非常相似，所以我有自己的建议。

嗯，项目陷入僵局，但找不到解决方案。

虽然大家没有注意到，但是作为××领域的专家，我觉得想要打破这个僵局，应该这样做……

如果不说出各自拥有的信息，就无法打开原本可以打开的局面。

B先生，其实我上次做项目时就发生了这样的事情……

啊，是吗？原来如此！

作为××方面的专家，其实我觉得……

通过共享独家信息，发生化学反应，产生新想法

关键词 → ☑ **非语言、梅拉宾法则**

13 共享信息时，尽量使用简洁的语言

远程办公已经渗透到各个群体中，这也给我们的沟通方式带来了变化。随着语言交流的比重上升，**非语言**交际的重要性也随之变大。

远程办公已经越来越常见了，但是通过互联网进行的交流与面对面的交流有着很大的区别。那就是"非语言交流"不可避免地变少了。

所谓非语言交流，是指我们在说话时，用语言以外的方式来传达想要表达的内容，具体指的是表情、眼神、音调、音量、肢体语言等。

我们在平时面对面交流的时候，除了语言本身，还会将言外之意和气氛等，通过这种非语言交流表达出来。随着远程办公的普及，越来越多的内容无法仅靠

想要简单易懂地表达，非语言交流是关键

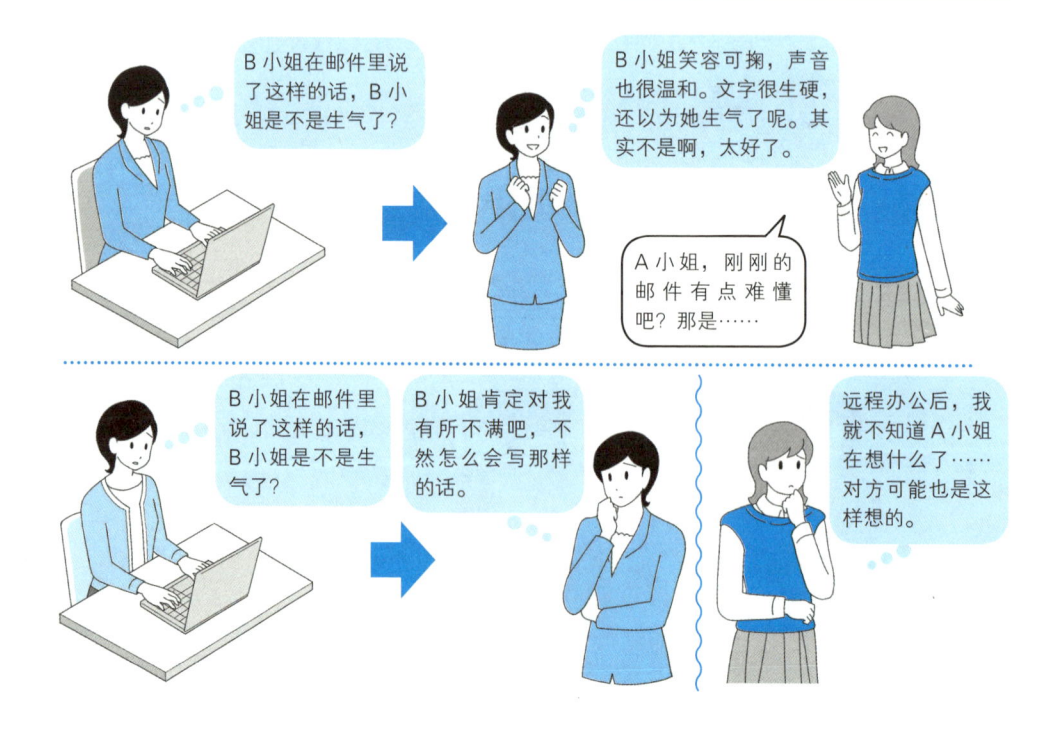

B小姐在邮件里说了这样的话，B小姐是不是生气了？

B小姐笑容可掬，声音也很温和。文字很生硬，还以为她生气了呢。其实不是啊，太好了。

A小姐，刚刚的邮件有点难懂吧？那是……

B小姐在邮件里说了这样的话，B小姐是不是生气了？

B小姐肯定对我有所不满吧，不然怎么会写那样的话。

远程办公后，我就不知道A小姐在想什么了……对方可能也是这样想的。

语言表达。因此，在远程办公的时代，关注语言以外的非语言交流的部分是很重要的。

广为人知的<u>梅拉宾法则</u>（详见下图）提出，语言以外的非语言交际在我们的交流中发挥着非常重要的作用。不过，该法则认为，当语言和非语言信息有"矛盾"时，非语言的作用更大。这里要注意的是，这并不是说无论何时非语言交流都更为重要。

梅拉宾法则是什么？

美国心理学家 阿尔伯特·梅拉宾

当语言交际和非语言交际产生矛盾时，语言在信息传达中所占的比例是7%，声调和语气所占的比例是38%，肢体语言所占的比例是55%。也就是说，语言表达的是善意，其他非语言部分表达的是相反的内容，对方就会很难感受到善意。因此，如果想要准确地向对方传达信息，就必须配合使用语言和非语言表达。

语言信息

语言信息是指说话的内容、语言本身所具有的含义等。邮件、SNS等仅由文字构成的交流，由于没有语言以外的要素，很容易产生误解

听觉信息

听觉信息是指我们说话时的音调、音量、语速、语气等。也就是说，说话时是欢快的，或是阴暗的，这些都是语言以外的部分所传达的信息。在打电话的时候，除了语言信息，听觉信息也起到很大的作用

视觉信息

视觉信息是指我们说话时的表情、手势、视线的移动等。这些被统称为肢体语言，它们有时比语言更能真实地传达我们的真意和真心。根据梅拉宾法则，在语言和非语言表达相互矛盾的情况下，视觉信息所占的比例最大

如何正确利用梅拉宾法则

平时注意外表、表情等非语言交流

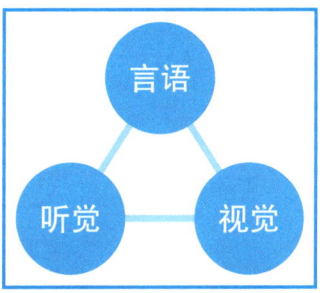

有意识地让语言信息、听觉信息、视觉信息三者保持一致

即使没有和对方面对面通话，也要注意自己的音调和语气

关键词 → ☑ 刺猬的困境、距离感

14 领导与成员构建人际关系时的风险

你会以"远""近"来衡量职场中的人际关系吗？其实，人际关系并不是越近越好。有时候离得越近，压力就会越大。

职场的人际关系质量存在"起伏"很常见。所谓"起伏"，是指职场上既有与领导建立良好人际关系的人，也有与领导建立不良人际关系的人。也就是说，职场上并非所有人都能够与上司建立良好的关系。

但是，上司与下属的关系亲近，并不意味着万事大吉。上司在积极地与下属建立人际关系的时候，实际上会产生两种风险。

风险之一是"距离过近的风险"。这是美国管理学家哈里斯等人通过研究证实

弥补与下属的"温差"时需要注意的要点

和上司关系非常不好的情况

无论怎么工作，都会被上司抱怨，渐渐找不到工作的意义了。

你的工作总有失误。什么时候能把工作做到完美？

如果上司和下属的关系恶劣，下属的压力会变大

和上司关系太好的情况

上司对我非常期待。如果不能回应上司的期待的话……

××小姐，我对你的能力给予高度评价。我相信你能做得更好。

如果上司和下属的关系太近，反而会让下属的压力变大

的现象，他们发现，上司和下属的关系太近也会给下属带来压力。这是因为，上司和下属的关系越近，上司就越会把想说的话毫不客气地说出来，同时对下属的期待和要求也会越来越高。这样一来，下属就会拼命回应上司的要求，关系本身就会变成一种压力。

这与寓言《**刺猬的困境**》十分相似。刺猬为了保护自己不受外敌伤害，身上长着尖锐的刺，当刺猬为了相互取暖而接近时，自己的刺就会伤害到对方。因此，为了不伤害彼此，它们要保持适当的距离。在职场中，上下级也不能离得太近，要像刺猬一样保持最佳的**距离感**。

上司与下属的关系影响着下属感受到的压力

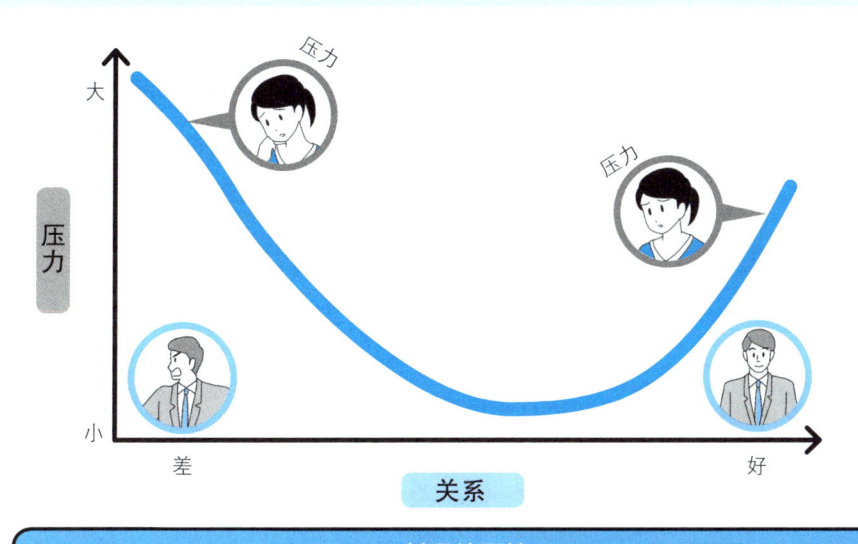

刺猬的困境

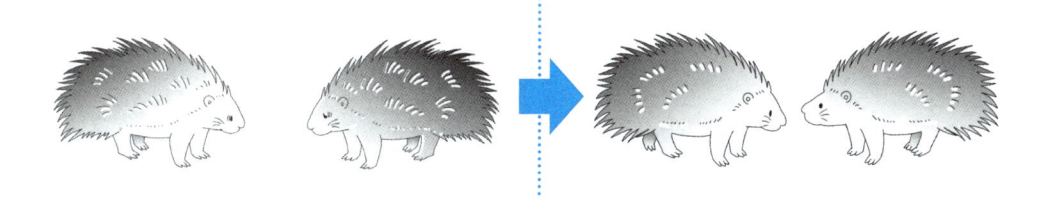

两只刺猬为了取暖而靠近时，身上的刺会伤害到对方。这就是刺猬的困境

因此，刺猬为了不相互伤害，会保持"适当的距离"。身在职场中的人们也需要保持适当的距离

关键词 → ☑ 评价能力

15 在有"温差"的组织中，能够保护团队活力的因素

处于上司立场的人，如果和一部分下属建立了疏远的关系，该怎么办呢？如果很难在现实中做到与所有下属平等相处，那么上司可以根据以下介绍的要点来创造工作环境。

上司在积极地建立与下属之间的人际关系时，会产生的第二个风险（第一个风险已在前面提到）是"会毁掉关系疏远的下属"。如果你在职场中处于上司的立场，想要积极地与下属交流，但不能平等地对待所有的下属，那么就会疏远一部分下属。这样一来，被疏远的下属就会从人际关系中感受到压力，从而产生"消极气息"，最终导致其与周围人的人际关系变得紧张，他的工作表现也会随之下降。话虽如此，把有"差异"的人际关系变成平等的人际关系，对上司来说负担也是非常

弥补与下属的"温差"时的注意点

A 和上司 D 的关系不太好，所以他总是焦躁不安。

因为这个事情，办公室的气氛变得有些紧张，到底是怎么了呢？

与上司关系疏远或紧张的下属，其工作的积极性会下降，也无法充分发挥自己的能力。而且，下属会因为这样的人际关系，散发出所谓的"消极气息"，职场中的整体气氛也会变得消极，从而产生负面的影响

大的。

因此，为了不让有"差异"的人际关系毁掉下属，我们有必要采取一些方法。主要有两个方法。第一个是"即使上司的态度有差异，也要找出让人信服的理由"。例如，上司根据员工工作的优先顺序、重要程度以及对组织的贡献程度等，改变应对方式。如果能形成这样的风气，即使人际关系有起伏（差异），也能被下属接受，他们也就不容易产生不满。第二个是让下属"相信只要自己努力，与上司的关系就会变好"。如果上司能够认真关注下属的工作状态，并且拥有能合理判断下属工作能力和人格的**评价能力**，那么下属就会相信，自己通过努力可以改善疏远的关系。

在不平等的人际关系中也能够保持团队活力的诀窍

①即使上司的态度有差异，也要有令人信服的理由

如果上司不愿与所有下属建立平等的人际关系，下属就会认为上司的行为不合理，并积攒不满的情绪

但是，如果上司能够根据每个下属的贡献程度提供一些"资源"，就能消除下属之间的不平等感

②让下属相信，只要自己努力，与上司的关系就会变好

如果下属无法确信"只要努力就能得到上司的认可"，那么团队绩效就无法维持。评价标准模糊、评价有偏颇的上司，最终会失去威望

"上司会正确地评价每一个下属"，如果能让下属产生这样的信任感，下属工作的积极性就会提高。另外，如果员工能知道团队的评价体系，新员工和跳槽者也会更容易融入团队

关键词 → ☑ 小规模团队

16 团队成员的热情差异带来的危害，越小的团队越显著

人际关系质量的"起伏"带来的影响，在大规模团队和小规模团队中具有不同的表现。小规模团队的成员能够更加明显地意识到被上司关注的人和没有被关注的人之间的"差距"。

职场的人际关系质量存在起伏时，这种起伏带来的影响会随着团队规模的不同而或大或小。北京科技大学的隋杨等人，以10人左右的大规模团队和4~5人的小规模团队为研究对象，分析了人际关系质量的起伏会产生怎样的影响。结果表明，人际关系质量的起伏，如果是适度的，团队的合作关系反而会得到强化，团队的绩效也有可能提高，但如果起伏过大（即上司与不同的下属关系质量有差距），团队成员之间的协调性会变差，团队绩效也会随之降低。

什么是人际关系质量起伏大的团队？

起伏较大的团队

A先生只表扬B和C，完全不把我们放在眼里。这样工作根本提不起干劲。

A先生

人际关系质量起伏较大的团队中，与上司建立良好关系的人与没有良好关系的人差别鲜明，结果团队绩效就会降低

起伏较小的团队

虽然对A先生也有些不满，但基本上对我们是平等对待的，嗯，也就算了。

A先生

人际关系质量起伏较小的团队中，虽然一部分人会心怀不满，但因为基本建立了良好的人际关系，所以团队绩效能够维持得很好

并且，与大规模团队相比，小规模团队更容易受到人际关系起伏的影响。因为在大规模团队中不太明显的差别对待，在小规模团队中就会变得格外明显。在人数少的团队中，与上司关系恶劣的下属的存在感会更强，上司对下属的偏袒也会更加明显。团队成员容易意识到人际关系质量起伏，团队内的合作意愿也随之变弱，团队绩效也会明显下降。因此，率领人际关系质量有起伏的小规模团队的上司，尤其要注意与下属之间的关系，需要努力并且尽可能多地与下属建立良好的人际关系。

人际关系质量起伏对小规模团队的影响更大

大规模团队（10人左右）

关系差　　上司　　关系良好　　关系普通

在大规模的团队中，即使人际关系质量有起伏，影响也会非常小。因为与上司关系差的成员们并不显眼

小规模团队（4~5人左右）

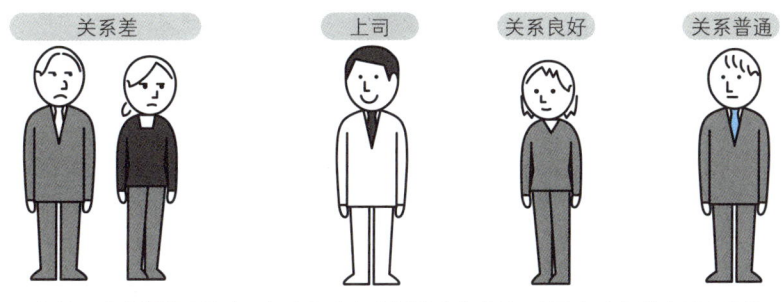

关系差　　上司　　关系良好　　关系普通

但是，在小规模团队中，与上司建立良好关系的成员，以及与上司没有建立良好关系的成员之间的差距会更加明显，因此人际关系的不和谐会带来很大的影响

关键词 → ☑ 职场外

17 利用组织外的力量解决人际关系质量的起伏

上司能够给予下属的"资源"是有限的。如果你作为下属无法从自己的上司处得到足够的资源，那么果断地向**职场外**寻求援助也是一种方法。

人际关系质量的起伏是如何产生的呢？原因就在于，上司所拥有的"资源"是有限的。这里所指的资源大致可分为物质资源和心理资源。物质资源是指在工作中能够为下属分配的预算、资料、空间、人手等。心理资源是指在工作上能够为下属提供的创意、关心、理解、鼓励、支持等。

每个人的资源都是有限的，人际关系质量就难免会出现或大或小的差异。但是，对下属来说，工作上人际关系不和谐，又不能从上司那里得到足够的资源，就

为什么人际关系质量会有起伏？

一个上司所拥有的物质、心理资源都是有限的。这些资源对下属来说也不一定是最合适的资源。当组织扩大到一定规模时，一个上司所拥有的资源就会变得不够用，导致其逐渐无法建立平等的人际关系

是个大问题。

在这样的情况下，在职场外寻找自己所需要的资源也是一个解决方法。例如，除了不同小组或不同部门，还可以在私人的兴趣场所，或是能够与公司外部的人交流的场所，寻找自己的伙伴和支持者。与这些公司外的人进行交流，不仅可以补充自己缺乏的资源，还可以拓宽人脉，受到启发，从而产生新的想法。与上司沟通时没能理解的内容，在职场外的交流中得到提示，后来理解其中含义的情况也时有发生。如果在职场中，感觉无法从上司那里得到足够的资源，不妨试着到职场外寻求帮助吧。

如果上司提供的资源不够，就向"外"寻求帮助

不同小组、不同部门
"不好意思B小姐，我想听听您的意见……"

公司外
"最近，公司发生了这样一件事……"

如果感到自己的上司没有足够的资源，从自身所处的职场外寻求物质和心理资源来弥补也是有效的手段。通过这样的有效手段，可以获得以下几个好处

| 有助于达成目标 | 明白上司的真实想法 | 拓展人脉 |

在职场外拥有支持自己的人，并且从他们那里得到各种各样的资源，这些资源不仅对达成目标会有所帮助，也能帮你理解以往上司说过但你始终没有听懂的话。当然，你也可以将这一行为单纯地视为拓展人脉。如此一来，工作本身的质量也会有所提高

专栏

需要记住的组织心理学术语集②

1. 双曲贴现（P70）

美国心理学家乔治·安斯利提出的行为经济学概念，指的是人的意识处于"可以等待遥远的将来发生的事情，但不能等待不久的将来发生的事情"的状态。最具代表性的例子是减肥与食欲的关系。"在遥远的将来能瘦下来"和"现在能吃到眼前的甜点"相比，从第三者的角度来看，显然是前者更重要。但是，对于当事者来说，由于双曲贴现作祟，很多人会选择后者，因此减肥很难顺利进行。经济学认为，人类做出的大多数不合理行为，都受到了双曲贴现的影响。

2. 禀赋效应（P72）

禀赋效应是由经济学家理查德·泰勒提出的一种心理效应，对于现在我们所拥有的物品、环境等的价值，我们会认为它们比没有拥有的时候更高。当我们想要放弃它们的时候，就会产生强烈的"心理抵触"。在这种心理效应的作用下，人们会更强烈地感受到舍弃现有物品的坏处，而不是获得新物品的好处，所以无法下定决心进行"断舍离"，无法舍弃物品，对改变自己的生活环境产生抵触情绪。将这种心理效应应用到商业营销策略中，也就是我们所知的"产品试用"和"无条件退换"。这是一种试图让顾客拥有某件产品，从而对其产生喜爱，并希望继续拥有的营销策略。

3. SNS（P78）

SNS（社交网络软件）是"Social Networking Service"的英文简称。是为会员

提供网络交流服务的软件的总称。不仅是朋友，拥有相同兴趣爱好的陌生人也可以聚在一起，用文字、照片、视频等进行交流。会员可以建立自己的个人资料，将自己的照片、简历、兴趣爱好等公开，让他人查阅。另外，会员还可以发布限制公开范围的日记和视频，通过这些内容和个人简介让他人知道自己的存在。

4. 幸灾乐祸（P83）

幸灾乐祸（shadenfreude）在德语中是由表示"损害""不幸"的"shaden"和表示"喜悦"的"freude"合起来的词汇。这一词汇所指的是当看到别人遭遇不幸时个体所产生的喜悦之情。这种感情不仅在德语圈，在全世界都是共通的。在日本，"他人的不幸甜如蜜"这句话及类似的表达数不胜数。另外，最近的网络俚语"别人的不幸好下饭"，简称"饭好"的说法也被广泛使用，能够看出这种情感超越了时间和空间被人们共情。

5. 多样性（P88）

多样性（diversity）的英文含义为"多样性"或"不同点"。如今，主要是指企业在人事录用方面，不分人种、国籍、性别、年龄、工作经历等录用人才，充分利用这些具有多样性的人才。旧时的招聘会倾向录用价值观和背景相似的人，人才没有个性、均一化，遇到完全无法预料的危机时，成员们的应对方法也千篇一律。由此说来，确保人才的多样性，能够建立起灵活的体制，迅速地应对瞬息万变的时代变化。

6. 非语言交流（P122）

非语言交流（non-verbal communication）是指组成交流的因素中，除语言以外的所有部分。例如，动作、手势、表情、声调、音量、呼吸、服装、室内装饰等。人类在日常生活中经常使用非语言交流进行沟通，日本有"眼睛如嘴一样会说话"的谚语，非语言在沟通中有时比语言更重要。另外，根据通信手段的不同，非语言交流所占的比例也会随之发生变化（如打电话时看不到对方的表情等）。

7. 梅拉宾法则（P123）

梅拉宾法则是心理学家阿尔伯特·梅拉宾提出的法则。梅拉宾认为，当语言交际和非语言信息产生矛盾时，语言信息占总信息量的7%，表情、肢体动作等视觉信息占55%，音量、音调等听觉信息占38%。也就是说，当说出"我喜欢你"的人的音调是"低沉、阴暗的音调"，表情是"愤怒的表情"时，因为语言和非语言信息之间产生了矛盾，所以"我喜欢你"这句话不会直接按照文字意思被听者接受，反而容易被理解为与之相反的信息。需要澄清的是，这一法则并不意味着非语言交流的重要性远超语言交流，而是适用于两者相矛盾时的情境。

5

团队绩效最优化的
关键要素

如果组织中总有人心怀不满,那么这个组织的绩效就很难提高。
本章主要介绍如何解决组织中的不满情绪。

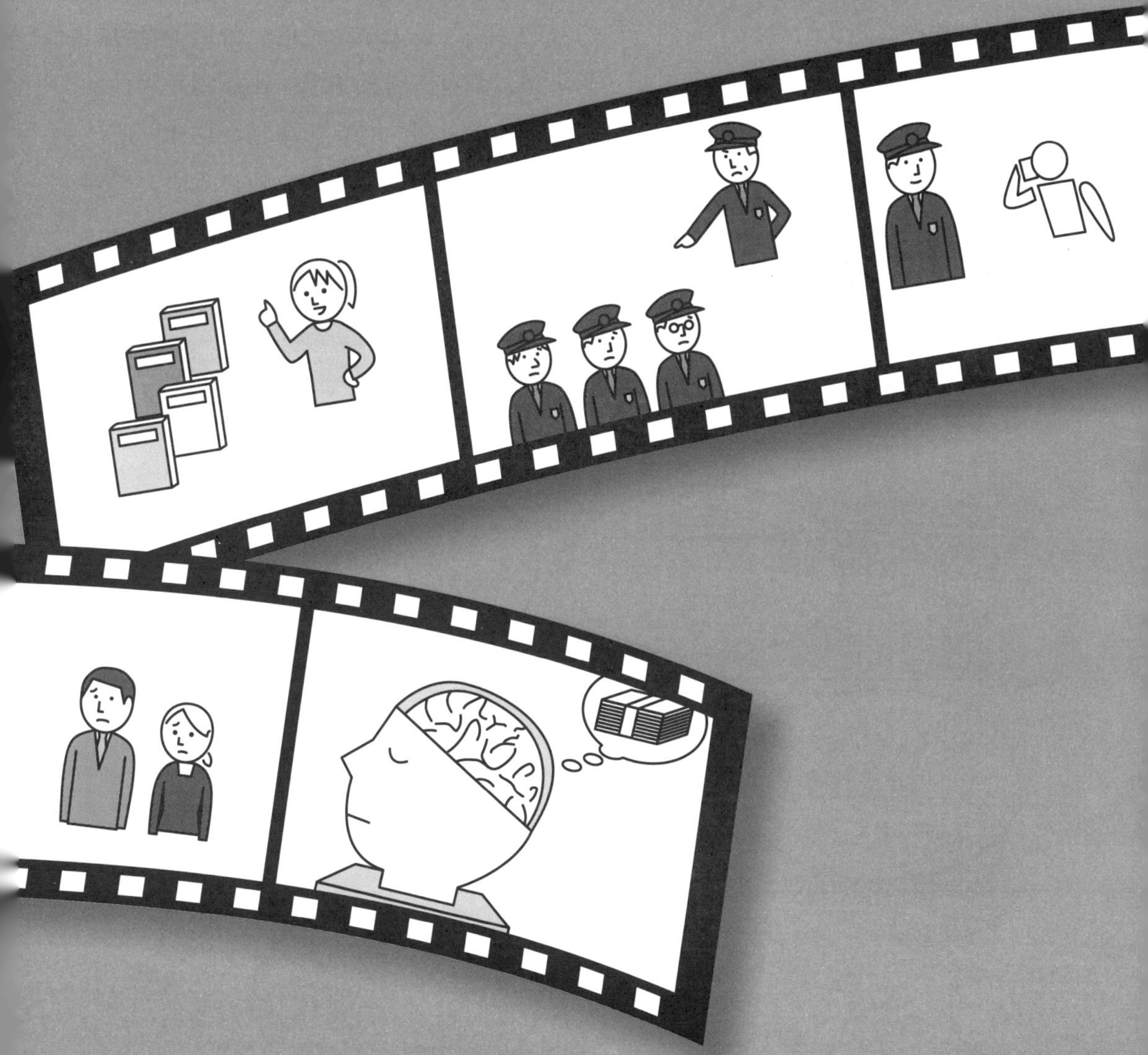

关键词 → ☑ 理想与现实的差距

01 组织中为什么会产生不满

既然是多人在团队中一同工作，那么自然会有人产生不满。说起来，为什么我们会在职场中感到不满呢？本节我们就来学习不满的产生机制。

为了提高团队绩效，下属们有"隐藏的不满"是无法避免的。公司本身可以说是"不满"的宝库，不论是上司还是下属，都有各自的不满。不满到底为什么会产生？产生不满的大多原因是**理想与现实的差距**。希望事情会这样、应该是这样的"理想"，和自己所面对的"现实"之间存在着差距，所以人们会感到不满。

例如，明明自己的理想是达到某个销售额，但现实却远远达不到，人们就会对

公司是"不满"的宝库

> 她的做法太危险了，实在看不下去。为了避免犯错，还是帮她修正轨道吧。

> 虽然应该按照上司的指示进行工作，但是指令频繁变化，不知道怎么做才是正确的……

> 他总是不加班就回家了。肯定是有余力的……他应该自己多找点事情做啊……

> 工作进展缓慢却总是加班的同事受到表扬，而自己不加班就能完成工作却得不到表扬，这是为什么呢？

> 无论什么工作，遵守截止日期是最重要的。如果不能遵守，就会给甲方和客户带来麻烦。真希望那家伙给力点啊。

> 上司不考虑工作的内容和难易，不管什么工作都要求按时完成。能不能具体情况具体解决啊……

自己感到不满。此外，人们也会对阻碍自己实现理想的因素感到不满。如果上司"期待"的工作方法和下属"现实"的工作方式有差距，上司就会产生一种"为什么他要这样做！"的不满。除此之外，公司理念和现实之间的差距、工作时间和工作环境的理想和现实之间的差距等，各种各样的差距都会让我们在内心产生不满。

不满的产生机制

"期待"与"现实"的差距

现实

期待

公司"理念"与"现实"的差距

现实

一直在处理投诉，太难办了。哪里是顾客至上啊！

顾客至上

理念

职场中之所以会产生不满，是因为"理想"和"现实"之间产生了偏差

对工作"方法"的认识偏差

这种做法很浪费时间的，真是拿她没办法……

按照上司的做法，很容易出现错误，我都有些不敢做呢……

对"工作时间（加班）"的认识偏差

现实

理想

关键词 → ☑ 忍耐

02 多数人选择忍耐或是隐藏不满

你在职场中是否有不满呢？如果有的话，你会如何应对这种不满呢？几乎所有人都在"忍耐"不满，但这真的是正确的行为吗？

在职场中工作的人，大多都心怀某种不满。并且其中半数左右的人会选择掩盖自己的不满。在日本以600名护士为对象进行的一项调查显示，六成以上的人即使有不满，也会选择"忍耐"或者"通过和同伴发牢骚来消除"。剩下的约四成中有两成会采取和上司"讨论到满意为止""咨询"等措施，其他的人则会"无视"让自己不满的上司的意见，或"坚持自己的意见"等。

如上文所述，在职场中忍耐不满的人是相当多的。但是，忍耐不满是正确的

大多数人会试图掩饰自己的不满

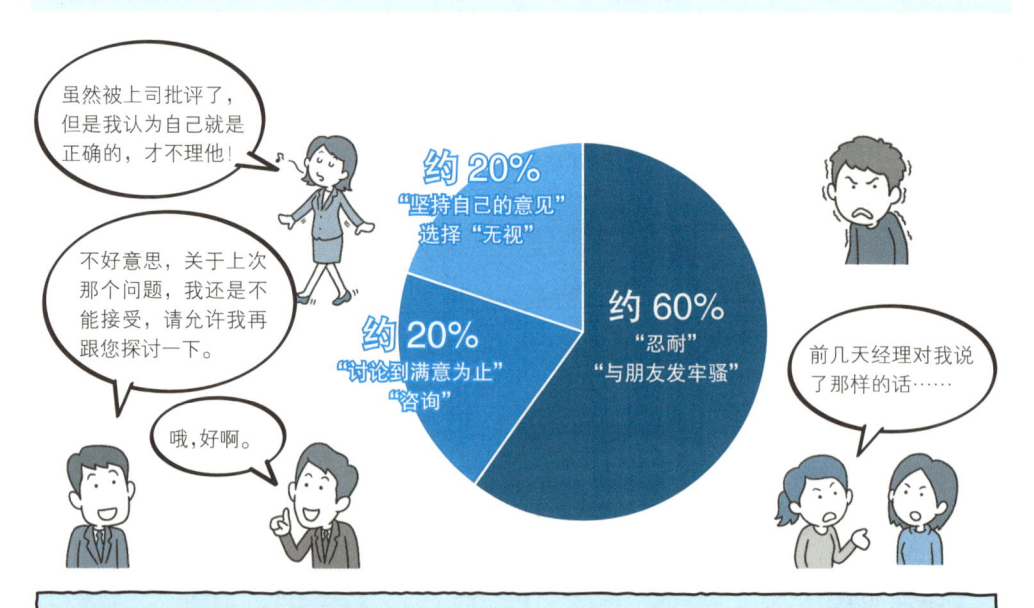

虽然被上司批评了，但是我认为自己就是正确的，才不理他！

不好意思，关于上次那个问题，我还是不能接受，请允许我再跟您探讨一下。

哦，好啊。

约 20%
"坚持自己的意见"
选择"无视"

约 20%
"讨论到满意为止"
"咨询"

约 60%
"忍耐"
与朋友发牢骚

前几天经理对我说了那样的话……

日本人在职场中有忍耐和隐藏不满的较强倾向。心怀不满的人中，六成以上只会"忍耐"或"与朋友发牢骚"，两成会选择"沟通"，直到不满消除为止，而剩下的选择"坚持自己的意见"或者选择"无视"。

吗？忍耐的人在职场中消耗的情绪能量是不忍耐的人的好几倍。因为在"烦躁"和"愤怒"的时候，会产生情绪负担，而想要"忍耐"和"抑制"这种情绪时，就会进一步增加负担。与没有不满的人相比，忍耐不满的人消耗了相当大的情绪能量。

如果想要处理不满，最好不要忍耐，而是发泄出来，客观地看待情绪。可以试着将不满写在纸上，或者找人倾诉。另外，如果有无论如何也处理不了的不满情绪，最后的办法就是通过辞职来改变工作环境。

大多数人会试图掩饰自己的不满

烦躁和忍耐会使情绪负担加重	受害者意识越来越强	丧失自信

对职场抱有不满时的应对方法

通过写出不满，客观地看待问题	找到愿意倾听的人倾诉自己的内心感受	如果无论如何也无法消除不满，就果断辞职

关键词 → ☑缄默效应

03 向上司传达坏消息需要勇气

员工难以对上司开口说出本应说的话，这种现象不仅在日本，在世界范围内都相当普遍。为什么会出现这样的现象呢？在本节中，我们将来探究其原因。

正如上文所提到的，不仅在日本，在其他国家下属也会隐瞒本应传达给上司的信息。美国心理学家罗森和泰萨将这一现象命名为"缄默效应（即MUM效应）"，取自"mum"的原意"闭口不言"。

说到底，为什么下属会对上司有口难开呢？有三个原因。其一，当人们接收到的信息与自己坚信的有所出入时，往往会不予理睬。其二，部分上司对于负面信息会表现出否定的态度，因此传达信息时需要一定的勇气。其三，一些人认为当他们

缄默效应产生的原因

美国心理学家罗森和泰萨调查发现，各国都存在这种下属对上司欲言又止的现象。他们将其称为"缄默效应（即MUM效应）"。MUM意为闭口不言，而以下三种情况都可能导致下属对上司隐瞒他们想说的话

MUM
=
闭口不言

| 忽略与自身预想不符的信息 | 没有传达坏消息的勇气 | 表达自己的担忧可能会被斥责 |

虽然有投诉，不过应该没什么关系。

老大应该不想听这么负面的消息吧，我也不太想说啊。

对某件事表示不安或担忧时，会受到上司惊疑的目光审视或是遭到斥责。

除此之外，调查发现当职场中的上司或资历更老的同事犯错时，犯错者与同事之间的头衔、地位以及职务种类的差别越大，同事就越难开口指出他们的错误。即使犯了明显的错误，只要对方的头衔、地位或职务种类比自己高，人们指出问题的可能性就会变小。

这就是为什么职场中的下级往往无法向上级传达他们本应传达的信息，而这也使人们在工作中无法及时进行"报联商"，即汇报、联络以及商谈。

职务种类之间的差距使得指出对方的错误难上加难

护士

日本某社会心理学研究小组调查了当不同职务的人指出同在医院工作的A弄错了药物剂量时A的抵触程度。结果如下所示，指出错误者分别为如左图所示的医生、实习医生、药剂师、护士，根据他们职务种类、级别的不同，A的抵触程度也有着显著的差异

被指出错误时的抵触程度

医生　护士　＞　医生　药剂师　＞　医生　实习医生

关键词 → ☑隐藏、瑞士奶酪模型

04 隐藏不满是孕育组织事故的温床

如果一个公司中的大多数人都"隐藏"自己的不满,那么最坏的情况下将会导致不可挽回的事故。有人会说,那多设几层防御体系是不是就能避免这种情况的发生了呢?其实并不尽然,这仍称不上完美。

正如前文所述,人在职场中会产生各种各样的不满。试想,如果职场上的大多数人都隐瞒自己的不满,或者对上司和前辈隐瞒某些信息,会发生什么事情呢?最坏的情况下,这甚至会造成无法挽回的"组织事故"。

英国心理学家詹姆斯·瑞森提出的"**瑞士奶酪模型**"认为,为了防止组织事故的发生,应该将几道防御体系犹如瑞士奶酪一样层层叠加。因为虽然每块瑞士奶酪上都有很多小孔洞,但通过叠放不同形状的奶酪就能将各块奶酪上的孔洞都隐藏

隐藏不满会造成组织事故

- 虽然那个部分有点毛病,不过一般来说他们也会注意到吧……
- 其他人对那个缺陷没有任何不满,也就是说并不是什么大问题。
- 虽然好像是有点问题,但是谁都没提出来,说不定是我多想了。
- 如果大家都没有不满的话,对那个缺陷保持沉默也无妨吧。

重大事故

住。在公司里，想要防止组织事故发生，就需要像这样设置这样多层防御体系来弥补彼此的缺点。虽说如此，瑞士奶酪模式也不是绝对可靠的。如果很多人都隐藏自己的不满，该说的话都不说，危险就会从层层叠加的防御体系中钻出来，成为组织事故的温床，酿成大事故。为了避免这种情况的发生，平时有什么不满或疑问，员工应该马上和上司、前辈、同事沟通，若有纠正方向的必要，就应该努力创造一个能够尽快调整方向的工作环境。

瑞士奶酪模型是什么？

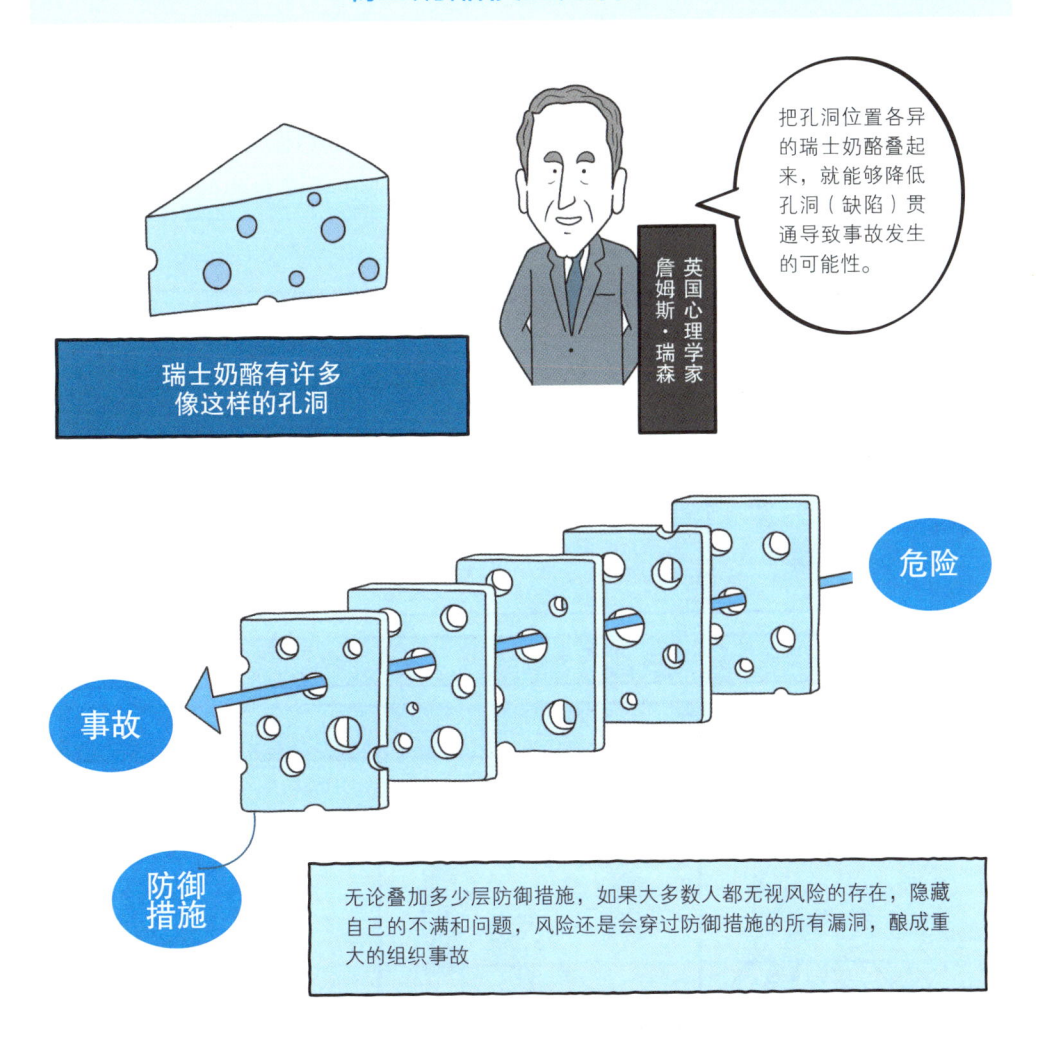

瑞士奶酪有许多像这样的孔洞

英国心理学家 詹姆斯·瑞森

把孔洞位置各异的瑞士奶酪叠起来，就能够降低孔洞（缺陷）贯通导致事故发生的可能性。

危险 → 事故

防御措施

无论叠加多少层防御措施，如果大多数人都无视风险的存在，隐藏自己的不满和问题，风险还是会穿过防御措施的所有漏洞，酿成重大的组织事故

关键词 → ☑ 反馈

05 利用组织内部的不满

只要在组织中工作，就难免会有人心怀不满。然而，压抑、掩盖这种不满并不能解决任何问题。对不满稍加利用，就能让组织和个人得到成长，变得更加强大，这便是它的优势所在。

在团队中工作时对某事感到不满，并不一定只有坏处。正如前文所述，不满就是一张反映组织事故发生风险的晴雨表。存在不满，意味着组织中出现了某种潜在或是明显的问题，而如果能尽快将其解决，就能给组织发展带来许多益处。例如，能够"防患于未然"，也能更准确快速地发现各种问题的有待改进之处。此外，以员工的抱怨不满为契机解决问题，能使个人和组织都得到成长。

那么，领导者应该如何妥善处理来自下属的不满呢？至关重要的一点是倾听下

下属心怀不满也并非坏事

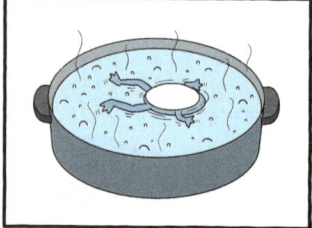

把青蛙丢进开水里，它会立刻从滚烫的水中逃走。但如果从常温开始小火加热的话，青蛙会习惯这种缓慢的温度变化，等回过神来就已经失去了逃跑的时机了。和温水煮青蛙一样，组织成员一旦习惯了隐藏自己小小的不满，等大家都注意到问题的时候就已经无力回天了。因此，心怀不满的好处之一就是让我们意识到危机的存在

"心怀不满"有哪些好处？

| 能够防患于未然 | 能提示应改进之处 | 长远来看，能使个人与组织都获得成长 |

属的**反馈**意见。当下属有意见的时候，如果能在不满过度膨胀之前真诚地听取下属的反馈并与其进行讨论，反而能利用这种不满来改善其工作表现。因此，领导者应该以更加开放的态度迎接来自下属的抱怨。

试着将不满视为发展壮大组织和个人的机会，心怀感激地悦纳它吧。

上司应如何处理下属的抱怨？

❶ 下属与上司展开讨论，达成一致并行动

❷ 下属不情不愿地服从上司

❸ 下属完全不服从上司

某研究询问领导者们，当下属感到不满时，他们更倾向于采取上述三种行为中的哪一种。结果显示，回答经常采取行为 ❶ 的上司在下属中的评价较高

妥善处理不满的小技巧

不要等到不满情绪膨胀才着手处理

下属提出小小的不满意见时不如悦纳它

关键词 → ☑结果导向、实力主义

06 TEAM

如何创造一个让下属轻松说出心声（即不满意见）的环境①
基于工作成果进行评价

员工的不满意见其实有许多益处，因此创造一个让更多人的意见被倾听、不受压制的环境，可以给组织创造更亮眼的成绩。本节将探讨什么样的环境更容易让下属表达自己的真实感受。

我想读到这里的你已经明白，职场上的不满，即使乍一看是消极的，但只要处理得当，就能让职场中存在的问题浮出水面，让组织和个人共同成长。

话虽如此，但正如我们所了解到的，作为下属的人，事实上本就"容易积攒与压制不满"（原因如下图所示）。因此，为了能让不满推动绩效提升，有必要营造一个让员工能轻松表达意见的工作环境。接下来，我们来看看什么样的环境才能让下属更容易向上司吐露心声。

为什么下属很难向上司说出对工作的意见？

上司对自己的印象会变差	意见未被听取反而还多了新的任务
这个事情应该得到进一步改善……	那你来提出一个具体方案给我。／结果成了我自己不得不做的事了……

以上这两大风险是下属不愿主动向上司表达意见的主要原因。作为上司，如果你想让团队整体保持健康的状态，就需要创造良好的工作环境，让这些风险不再成为问题

第一种容易让下属吐露心声的环境是：贯彻**结果导向**、**实力主义**制度的职场。在年功序列制的组织中很容易培养出爱岗敬业和对公司忠诚的员工，但由于长时间在同一个公司工作，所以不得罪同事、维持良好的人际关系是十分重要的一环。因此，采用以成果和实力来评定下属的制度，更容易让下属说出自己的意见和不满。毕竟如果这个意见能创造更好的工作成果，就没有必要将其隐藏，甚至有可能受到大家的欢迎。人际关系牵扯较少的职场更能让人表达不满意见，也更容易出现活跃的、具有发展性的讨论。

如何创造一个让下属轻松说出心声的环境①

● 年功序列制度

优点

稳定的工作环境有助于培养员工对公司的忠诚心和团队合作精神

缺点

"如果表达了不满，会让我和大家的关系变得很尴尬，还是算了吧。"

职场人际关系十分固定，员工即使有什么不满，也容易因觉得"多一事不如少一事"而回避

● 结果导向制度

优点

"为了最后能拿出结果，该说的还是得说。虽然是表达不满，但毕竟和我的业绩有关，不提不行。"

因为不考虑上司和下属的关系，纯粹以成果和实绩来评价下属，所以对与改进工作方式相关的不满也容易表达出来

创造基于工作成果进行评定的环境

在年功序列制的组织中，上司和下属的等级关系具有极其重要的意义，会对团队中成员的行为举止产生巨大的影响。这样的制度下，很多人认为表达不满可能会给双方关系带来负面的影响，所以比起表达自己的不满，他们更优先考虑维持人际关系。因此，如果能创造一个纯粹基于工作成果进行评定的工作环境，下属就会更容易向上司表达"为了优化工作成果而必须表达的不满"

关键词 → ☑ 角色身份

07

如何创造一个让下属轻松说出心声（即不满意见）的环境②

赋予下属明确的角色身份

作为职场上的一名下属，上司所说的话对你具有非常大的影响力。上司对你的"期待"会左右你的工作表现、工作积极性，甚至影响到职场氛围。

第二种容易让下属吐露心声的环境是能"赋予下属明确的**角色身份**"的工作场所。下属有工作任务是理所当然的事情，但赋予他们角色身份意味着什么呢？赋予角色身份无非就是使下属"拥有个人形象"。换言之，它使下属觉得："我做这份工作是为了实现这样的理想。"

举个例子，假设你作为上司，要求一名下属设计一款新产品并做汇报。"设计新产品并汇报"说到底只是这个下属的工作，并未体现其角色意义。但如果上司加

皮格马利翁效应与魔像效应

皮格马利翁效应	魔像效应
希腊神话中有这样一段故事。一位叫皮格马利翁的雕刻家爱上了自己雕刻的雕像，"如果这个雕像是人的话……"他在心中设想着雕像的模样并不断地希冀着，想不到爱神阿佛洛狄忒听见并实现了他的愿望，赋予了雕像生命，使其成为活生生的人。因此，人们在期待后会成为他人所期望的样子，这样的心理效应便被称为"皮格马利翁效应"。	与皮格马利翁效应相反，当一个人感到自己不被期待时，他的成果和业绩就会如自己被赋予的形象那样一蹶不振，这种现象被称为"魔像效应"。魔像原本是泥人，可以被主人随意操纵，但是只要把它额头上护符的文字擦掉一个，它就又会变回普通的泥人。你更希望你的下属触发皮格马利翁效应还是魔像效应呢

上一句："到目前为止，你已经做出了许多优秀的产品。今年部门会增加新人，为什么不设计一款新产品，并在大家面前发表优秀的设计案例，为他们树立一个榜样呢？"榜样身份就成为了这位下属的个人形象。像这样，当你塑造一个积极的角色（个人形象）时，人们往往会成为你所期望的样子，这就是所谓的"皮格马利翁效应"。同样，如果下属被赋予的角色形象消极负面，他们往往也会变得消极，这就是所谓的"魔像效应"。要创造一个下属更容易提出意见的环境，十分重要的一点就是赋予他们积极的角色，且给予这些角色明确定位。

如何创造一个让下属轻松说出心声的环境②

未被赋予角色身份

> 我在这个公司的工作内容是什么呢……

如果不给下属赋予角色身份（被期待的形象），下属就无法提高工作积极性，也无法提高工作绩效

分配了角色但形象模糊

> 她误解了我对她的期望啊，我可没让她这样工作……

即使被赋予了角色身份，但如果不明确，下属也无法按照上司的期待完成工作

赋予明确的角色身份

通过赋予明确积极的角色形象触发皮格马利翁效应，能使下属的工作动力更足，下属的工作表现也会更好

当角色（被期待的形象）明确时，人们会更有动力，更有可能全身心地在工作上投入时间和精力。而这也往往会使员工对自己的工作产生满足感和成就感，进而增强对公司的依恋

关键词 → ☑ 心理安全感

08 如何创造一个让下属轻松说出心声（即不满意见）的环境③
拥有心理上的安全感

能轻松说出不满的职场，也一定会让人有强烈的"**心理安全感**"。心理安全感的有无，代表员工是否相信自己可以在这个职场上采取相对冒进的行动。你在职场中拥有高心理安全感吗？

第三种容易让下属吐露心声的环境是"高心理安全感的职场"。所谓心理上的安全感，是指员工相信自己可以采取有一定风险的行动。下属想要挑战新事物的时候，上司立刻发难否定对方，这样的职场就会使人产生低心理安全感。下属不再愿意冒险而选择明哲保身，自然也就不会提出不满了。

因此，创造一个让下属相信，即使自己采取了冒险的行动也不会被批评、被嫌恶的职场环境，是非常重要的。

使人相信即使冒险行动也不会受到斥责的职场

难以冒险的职场
- 没有和上司建立良好的关系
- 工作场所没有互助氛围
- 个人和组织都没有学习的态度

（虽然是个好主意，但说不定反而会让上司不高兴呢……）

无法就新的解决策略、想法等进行长远讨论。此外，无论是上司还是下属，都很难指出职场中的不可取行为

不畏风险的职场
- 和上司建立了良好的关系
- 职场能给予个人支持
- 个人和组织都有学习的意向

（不好意思，我有点问题想请教一下……）

进行新的解决方法、想法等前瞻性的讨论变得轻而易举。此外，不论上司还是下属都更容易指出不可取行为

为了营造这样的环境，应该注意哪些要点呢？这里主要列举四个关键之处。首先，要"营造沟通无阻的环境和氛围"。如果员工在职场中总是难以开口，心理上的安全感就会越来越低。其次是"培养互助精神"。如果同事之间有互相帮助的精神，心理安全感也会随之提高。此外，"积极迎接挑战"和"欢迎新事物"也很重要。当下属想要挑战新事物时，如果上司不由分说地予以否定，下属的心理安全感就会降低。这不仅会使下属畏首畏尾不敢冒险，同时也会导致下属很难大胆表达自己的不满。

如何创造一个让下属轻松说出心声的环境③

以色列卡尔梅里等人的研究

如果团队成员……
- 共享目标和知识
- 建立彼此信赖的关系

如果团队成员……
- 未共享目标和知识
- 相互之间并不信任

以色列的卡尔梅里等人对在各个领域工作的人进行了问卷调查，结果显示，越能够共享目标和知识且彼此信赖的职场环境，越能让人"安心进行工作"。另外，在这样的环境中，员工们也更容易养成从失败中汲取经验的意识和行为习惯

提高"心理安全感"很有必要

| 沟通无阻 | 互助精神 | 迎接挑战 | 欢迎新事物 |

请收下！

好，做做看吧！

做好这四点，"心理安全感"满满！

关键词 → ✓目的性

09 TEAM

如何创造一个让下属轻松说出心声（即不满意见）的环境④

上司和下属朝着共同的方向努力

上司和下属有各自的工作方式。上司按照公司的方针，肩负着提高业绩的责任。从这一点上，下属就能意识到自己与上司在工作**目的性**上的差异。在这种情况下，作为上司能做些什么呢？

第四种容易让下属吐露心声的环境是"上司和下属朝着共同的方向努力"。上司的主要职责是督促并带领自己的下属完成公司上层下达的任务，获得成果或是达成数据指标。此外，下属需要根据上司的命令履行各自的职责。但大家都是人，难免会有想法和情感上的矛盾冲突。这当中首要的问题是上司和下属对于工作目标的认知存在隔阂。

工作方式可分为"执行任务优先导向"和"建立关系优先导向"。许多上司倾

弥补双方对目标的认知差很重要

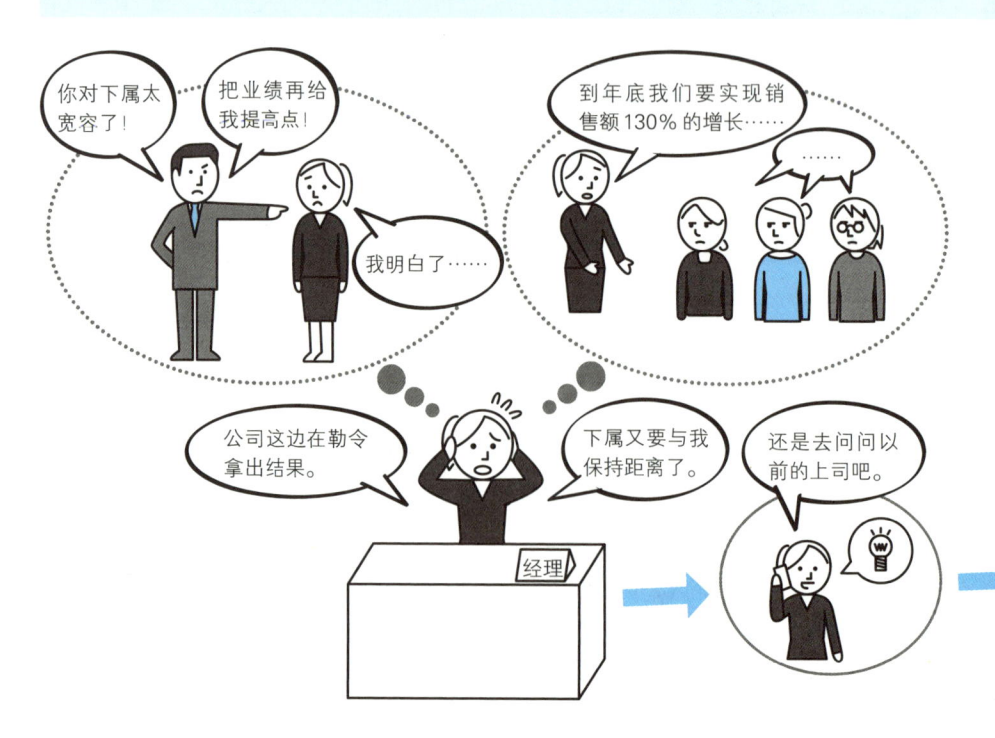

你对下属太宽容了！
把业绩再给我提高点！
我明白了……

到年底我们要实现销售额130%的增长……
……

公司这边在勒令拿出结果。
下属又要与我保持距离了。
还是去问问以前的上司吧。

经理

向于选择"任务优先"导向，以回应公司上层管理者的意愿而非下属的意愿。然而，如果上下级不能理解彼此的思考方式，使下属被迫单方面执行任务，就会增加下属的不满。但如果把工作重心放在"建立关系"上，建立上下级之间良好的人际关系，下属的不满就会随之消弭。如果上司与下属有一个共同的目标，下属就很难再产生不满意见，团队的运作效率也会随之提高，达成目标自然水到渠成。为此，上司应在工作中经常给下属提供温暖的问候和支持性鼓励，倾注关注和关怀，令下级不会因为职位或角色不同而与上级产生隔阂，从而更加努力地工作，使办公室上下团结成一个整体。

关键词 → ☑表扬、责备

10 "表扬"比"责备"更能有效激励成员

"表扬"还是"责备"？家庭里父母培养孩子、学校里老师培养学生、职场里上司培养下属，无论在哪个场景中，这都是一个让人犹豫的选择。而现代社会普遍认为"表扬"更能起到激励作用。

从前，父母、老师、上司等地位高的人会表扬有成就的人，责备没有成就的人。因为他们认为，被责备的人会为了不被批评而努力取得成果。但如今，"表扬式培养"反而变得更加普遍。因而，越来越多的人认为自己是会在表扬中成长的类型，表扬还被认为与动机提升、积极的心理和行动反应等密切相关。同样地，公司给予下属积极反馈也会提升他们的自我认同感和自我效能感。

"表扬"比"责备"更有效？

下属应该在责备中成长。

不对，下属应该在表扬中成长。

我并不是因为讨厌而批评你们。

谢谢您的教导……

了解！

没事，在工作中将功补过就好了。

为了研究"表扬"行为会对人的生理产生什么影响，有人进行了一项fMRI（功能性磁共振成像法）实验：把19位男女分成金钱报酬条件组（获得金钱报酬）和社会报酬条件组（获得他人表扬）。然后让金钱报酬组从3张卡片（报酬多、报酬少、没有报酬）中任意抽取一张。而社会报酬组则在摄像机前进行自我介绍，并分别获得三种评价（积极评价、消极评价、无评价）。实验结果显示，得到"金钱报酬多"和"积极评价"的人在大脑纹状体处有着相同的反应，也就是说，人在获得表扬和得到报酬时的心情是一样的。

你只是害怕成被下属讨厌的胆小鬼吧！

你只想无条件地把自己的观点强加于人吧！

好了好了，冷静一点。

根据脑科学的实验结果

获得积极评价，也就是被表扬时……人脑会做出和得到金钱报酬时一样的反应。

原来如此！

哦……

关键词 → ☑ 能力、努力

11 应该表扬"能力"还是"努力"

在表扬他人时应该肯定他的"**能力**"呢？还是应该为他的"**努力**"点赞？虽然"表扬"的行为看似相同，但根据表扬内容的不同，结果却可能大相径庭。

虽说都是"表扬"，但"表扬"的内容不同，结果也大不相同。让我们以儿童为例进行验证，让10岁左右的儿童接受几何图形测试，无论他们答对与否、分数多少，研究者都告诉他们其答案正确率在80%左右。然后用三种不同的方式表扬他们。第一种是"真聪明，这些问题都能解决"（表扬能力组），第二种是"你一定很努力才能解决这些问题"（表扬努力组），第三种不给予任何表扬（对照组）。

结果取决于"表扬"的内容

①表扬"能力"
太好了，成绩得到了表扬。
表扬能力组 → 成绩目标意识化
我一定要考得更好！

②表扬"努力"
努力得到了表扬。
表扬努力组 → 学习目标意识化
其他的学习也要努力。

③不给予表扬
算了，无所谓了。
对照组 → ……
不关心

接下来测试的难度升级，测试完成后，研究人员会告知所有儿童"连一半都没答对"的消极结果。实验证明，"表扬能力组"的孩子都有"成绩目标"，其学习目的是通过取得高分来得到表扬。"表扬努力组"的孩子则有"学习目标"，其学习目的是习得新知识，两组儿童的学习目的发生了变化。结果显示，"表扬努力组"的孩子成绩提高更为显著。那么，让我们把这个结论应用于公司组织吧。当下属在工作中取得某种成果时，与其表扬取得成果的"能力"，不如表扬取得成果的"努力"，这样才能使其再创佳绩。

5 团队绩效最优化的关键要素

告知下次考试失利……
其实……
好吧……
可惜！
……

成绩提高不多
成绩上不去都没动力了。

成绩不断提高
我想知道更好的解决方法。

……
不关心

当他们把自己的分数告诉他人时会怎么样呢？

无意中混了个高分。
哦……

没必要遮遮掩掩的。
哦……

无所谓了。
哦……

159

关键词 → ☑表扬文化

12 从 JR① 福知山线列车事故中吸取的"表扬"教训

造成多人死亡的 JR 福知山线列车事故是人们产生从"责备"到"表扬"意识转变的开端，这场事故的原因之一就是 JR 西日本以"责备"为基础的日勤教育惩罚系统。那么意识是如何发生转变的呢？

在日本，从家庭教育到学校教育，再到进入社会，"责备教育"都曾占据主导地位。在社会结构简单的时代，这种方法可能行之有效。然而在现代社会，我们生活在多样化的环境中，单方面责备和强迫的方法是行不通的。2005年JR西日本福知山线列车事故就是一个鲜明的例子，事故共造成乘客和司机107人死亡，562人受伤，是铁路史上最严重的事故之一。那么事故的起因究竟是什么呢？

从事故中学习"表扬文化"的必要性

听好了，即使迟到1分钟也要写检讨，这点要像准时发车一样牢记于心。
上司

好的……明白了。

糟了，快看电视！

！

① 日本铁路公司（Japan Railways），简称JR，包含多个由日本国有铁道分离出的民营公司，下文的 JR 西日本为其中之一。——编者注

引起媒体广泛讨论的原因之一是公司对肇事司机进行再培训的方式。有人指出，这种再培训（俗称"日勤教育"）可能由上司酌情决定，并对肇事司机具有强烈的惩罚意味。如果上司的应对举措、参与方式以及培训制度增加了事故发生的可能性，那么组织就应该进行改革。自此，JR西日本开始了从"批评文化"到"**表扬文化**"的组织变革。但是有些人对表扬是否能够提高员工的积极性表示怀疑，因此在工作中酌情合理地进行表扬是每个领导者的责任。

* JR西日本称这一事故为"福知山线列车事故"

新闻
另外，事故的原因是……
速报
福知山线列车脱轨事故 107人死亡、562人受伤
2005年4月25日

事故原因：司机高速过弯，未能及时转弯

肇事司机的违规驾驶可能源于组织的惩罚性培训方式

安全第一，禁止违规驾驶。
好的，收到。

此后，"表扬文化"在日本众多组织中开始萌芽

什么？是我做错了吗？
上司

关键词 → ☑ **努力目标**

13 实验验证了表扬的效果

为了验证表扬的效果,研究者们进行了一项实验。该实验并不是单纯地进行表扬,而是将其分为三种情况,分别为是否与上司沟通、设定基本目标与**努力目标**以及实际表扬与不表扬。那么实验的结果究竟如何呢?

通过实验,在更狭义的范围内分析了"表扬"这一行为。该实验旨在验证表扬的效果,并研究表扬产生相反效果的情况。首先,在不告知兼职大学生(目标群体共80人)这是一项实验的情况下,让他们为来电询问活动地点的人口头指路。实验的第一阶段将他们分为两个小组:与上司面对面闲聊交流10分钟左右的"高关联组"和完全不交流的"低关联组"。

"表扬"效果的验证实验

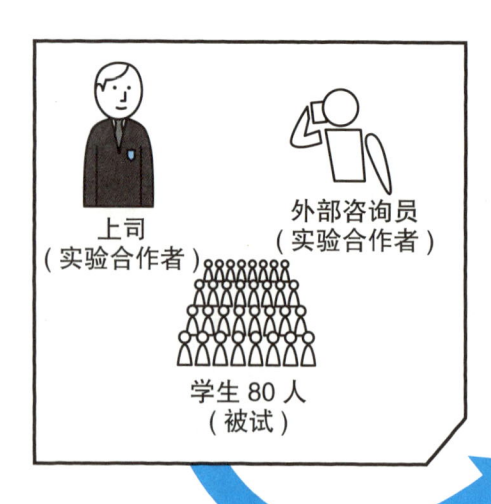

上司(实验合作者)
外部咨询员(实验合作者)
学生80人(被试)

实验①

高关联组(与上司进行10分钟的交流)

低关联组(与上司不交流)

第二阶段的实验中设定了两个实验条件：要求被试严格遵循指南、尽量避免错误并有强烈的安全意识，即"基本目标组"；要求被试为对方着想、进行简单易懂的说明，努力应对来电，即"努力目标组"。第三阶段实验中，伪装成顾客的工作人员打来了咨询电话。在这一阶段，上司对下属给予两种反馈，分别为高度评价"刚才的应对表现非常不错"，即"表扬组"，不做任何评价，即"无表扬组"。在上司反馈后同样地再次进行来电应对和上司反馈，实验结束。

结果表明，在设定努力目标前提下进行表扬会带来积极的效果。

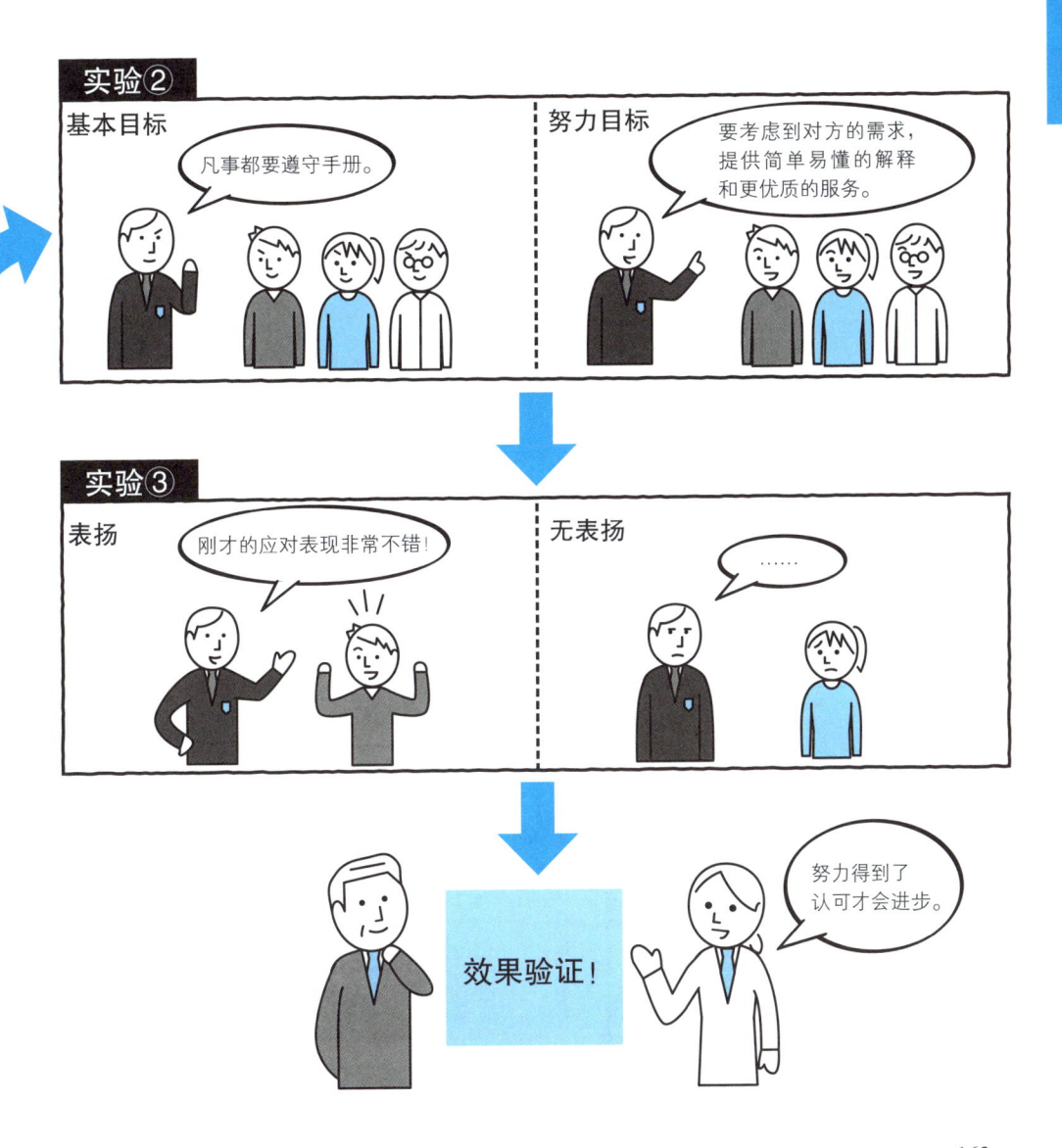

实验②

基本目标：凡事都要遵守手册。

努力目标：要考虑到对方的需求，提供简单易懂的解释和更优质的服务。

实验③

表扬：刚才的应对表现非常不错！

无表扬：……

效果验证！

努力得到了认可才会进步。

关键词 → ☑ 值得赞赏之处

14 有效表扬的两个必要条件

在上述实验中，虽然明确了表扬的实际效果，但仍存在问题，即除非同时满足两个条件，否则表扬效果只是暂时的。那么这两个条件是什么呢？

"表扬效果"的验证实验表明，表扬对下属具有积极作用。其中第一个条件是"表扬的内容"，表扬效果取决于上司表扬了下属工作的哪些部分。当下属向着"基本目标"努力工作时，即使被表扬了，他们的积极性也不会发生改变。而表扬那些向着"努力目标"推进工作的下属却效果显著，并且后续的工作他们也会毫不松懈地认真负责完成。

第二个条件是"良好的人际关系"。即使只有短短10分钟，上司和下属之间也

"表扬内容"和交流很重要！

1. 良好的人际关系

- 来分析一下如何提高下属的积极性吧。
- 有些行为的效果是局限的，但却是必要的。
- 主动维护关系……
- 这附近有家店很好吃哦！
- 他很平易近人。
- 我跟他无话不谈。
- 太好了，他不是那么可怕的人。

信赖度提高

要相互交流，这是该条件的关键。

与上司建立良好关系后，为完成"努力目标"发奋工作的下属因自己的工作态度受到表扬后，会更加积极负责地工作。但表扬并非是盲目的，而是要注意到下属的努力和成长，对**值得赞赏之处**（下属有意识努力的地方）进行表扬，这样才能达到预期效果。如果上司没有和下属建立良好的关系，那么表扬就会适得其反，降低下属动机。

2. 表扬内容

- 追寻努力目标……
- 要注意措辞哦。
- 想想简单易懂的路线吧。
- 告诉他们电梯的位置。

反应截然不同呢。

建立人际关系是多么重要啊。

◆ 实验结果 ◆

建立沟通后进行表扬……

刚才的应对表现非常不错！

积极性提高

※ 受到表扬后工作动机提高

未建立沟通就进行表扬……

刚才的应对表现非常不错！

好端端的怎么了，这么突然。

说的客套话？

难道他有什么企图？

※ 不会引起对方的共鸣，还可能造成困惑和猜疑

团队绩效最优化的关键要素

关键词 → ☑ 隐性批评

15 不表扬等于隐性批评

当下属工作出色时，需要给予正面评价，并努力保持或提高他们的动机。否则下属可能会感受到"隐性批评"。

虽然我们已经明白了表扬可以提高下属的动机（责任感），但是表扬的作用并不仅限于此。对下属来说，上司对其工作的定期评估是提高动机不可或缺的要素。当下属在工作中表现自己时，如提交策划书、完成销售额、完成年终会计报表或成功挖掘新客户，上司的反馈会使他们产生被需要感，而这些都会转变为对其努力的慰劳和其进一步工作的动力。

上司的沉默——打击下属内心的"暗刃"

你一直很努力，真是公司的宝藏。

是我的荣幸！

就算让他放手去做我也很放心。

为了不辜负经理的信任，我要更加努力！

然而许多上司却不给予下属表扬，而是说"下次再表扬你""不用我说你也明白吧"之类的话。"这本就是他们的职责，所以努力是理所当然的"，如果以这样的逻辑来对待下属的话，那就大错特错了。因为从下属的角度来看，没有表扬就等于"隐性批评"，会让他们觉得"上司对我的工作不满意"或"真讨厌自己"等，导致他们渐渐陷入消极观念的旋涡。上司和下属间的心领神会是无稽之谈，只有把该说的话用语言表达出来，人与人之间才能建立联系。

6

什么是使组织顺畅运作的领导力

组织领导者需要做到提高下属积极性，营造团结的氛围。
本章将探讨在远程办公时代产生的全新领导形象。

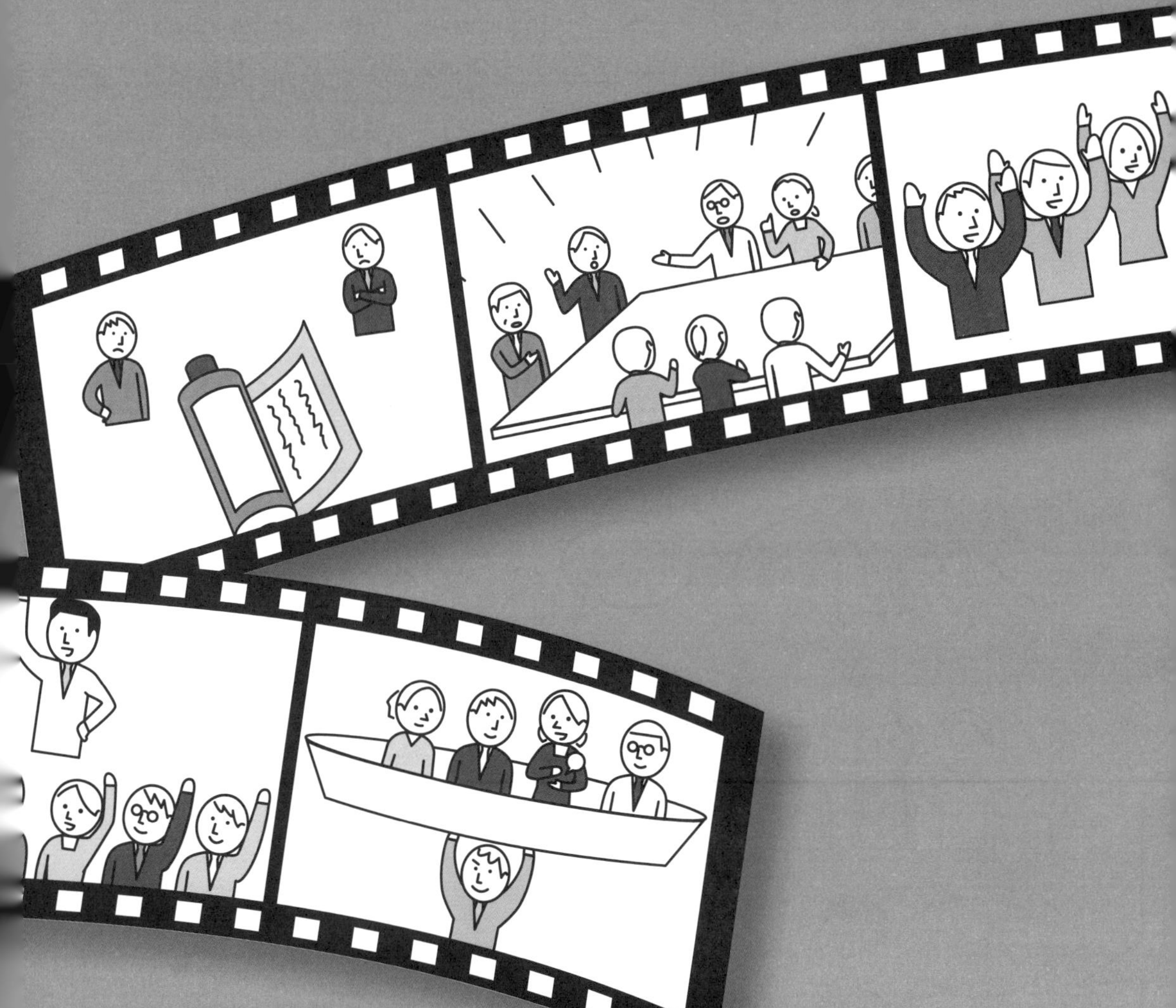

关键词 → ☑ **特性理论**

01 领导力是与生俱来的吗

领导力包含直接特性和间接特性。聚焦于领导者特性的理论被称为**特性理论**，在运用特性理论的过程中，需要注意正确发挥领导力所需的特性，同时兼顾对特性理论中每一个因素的检验与研究。

要想在组织中拥有领导力，需要具备相应的特性，其中有些特性是与生俱来的。以"性格"作为例子就很容易理解了。从小就带领朋友和比自己年幼的人一起玩，这样的能力可以说是与生俱来的。另一个例子是"认知能力"。这些间接影响组织运行的领导者特性被称为"间接特性"。但是，后天因素或后天培养的能力也是领导者特性的重要组成部分。那些直接影响组织运作的因素，如"社交技能"和"解决问题的能力"，则属于"直接特性"。

通过"特性理论"洞悉领导力

这条街的孩子王	在体育部一直担任队长	自小担任学生会长
交一百个朋友的目标达成！	比任何人练习都勤勉。	从小时候就埋头苦干。

- 这是天生的领导吧。
- 是天生的，还是后天的努力呢。
- 我认为是后天努力的成果。

将焦点集中在直接特性和间接特性这两个条件上的观点被称为"特性理论"。特性理论认为在选拔组织所需的领导时需注意以下三点。第一,"选拔具有某种特性的领导者这一想法是错误的"。千人千面,人人都有独特的个性,只选择某种特定的类型会造成不平衡。第二,"重视后天能力的开发"。考虑先天资质是必要的,但领导能力、自信、学习能力等后天要素的培养也是不可缺少的。第三,"优点和缺点是一体两面的"。人的优点往往会变成缺点,社交能力强的人因为多嘴了一句而失败的例子就是典型。要想拥有领导力,最重要的是兼备直接特性和间接特性。

◆直接特性＝直接影响因素◆

- 不准对我的朋友出手。
- 表彰证书。

解决问题的能力 / 社会贡献

◆间接特性＝间接影响因素◆

- 我要参加全国大赛。

认知 / 性格

基于特性理论的领导力分析

拥有所有特性的人是非常稀少的
- 支配性强。
- 缺乏诚实。
- 善于交际。
- 缺乏协调性。
- 貌似责任感强。

培养特性,挖掘后天的领导者
- 主动打理花坛。
- 不会说别人的坏话。
- 看到人就一定会打招呼。
- 会认真倾听别人的话。
- 对孩子很温柔。

看似是强项的特性,有时也会变成弱项
- 为什么要失误!
- 说得太过了吧。
- 太过认真也是个麻烦啊。
- 对他的印象幻灭了。

什么是使组织顺畅运作的领导力

关键词 → ☑ 专制型、民主型、放任型

02 领导力主要分为三类

与领导者特性同样重要的是领导者采取的行为。领导者采取的行为可分为三种类型：领导者主导的"**专制型**"、重视与成员协商的"**民主型**"和将主动权留给成员的"**放任型**"。接下来，我们依次来分析每种类型的优缺点。

如果领导者特性理论表明了领导者内在品质的重要性，那么将内在品质付诸实践并体现出来的就是"行为"。在职场活用与生俱来的特性与后天磨炼出的技能正是领导的本职所在。利皮特和怀特将行为风格分为三种。第一种是"专制型"的风格。这是一种完全自上而下的系统，由领导者做出所有决定，因此部分指令会变得非常机械。虽然领导者的意图很容易传达，但其对成员的评估是主观的，成员间的横向联系也很薄弱，因此当领导者缺席时，组织会陷入混乱。

领导者行动方式分析

专制型

- 指令往往是机械的，因此有时会取得成果，有时则不会。
- 领导者决定一切，成员只有在领导者在场时才会聚集到一起。
- 对成员的评价完全由领导者主观决定。
- 结果导致成员之间缺乏凝聚力

信长 ❶

---

❶ 指织田信长（1534—1582），日本战国时代著名军事家、政治家，与后文提到的"家康""秀吉"合称"日本战国三杰"。——编者注

第二种是"民主型",其特点是由成员共同参与组织政策的制定,但领导者并不是完全放任不管,而是在必要时给予支持,以进行有效的管理运作。当出现问题时,领导者会提出几种解决方案,让成员做出选择,这样可以提高整体积极性,改善小组氛围,提高工作绩效。第三种是"放任型"。这种类型的领导者,会将所有政策决定和讨论都交由成员自行组织。领导者只回答成员的问题,不参与其他工作,长期保持领导者不在场的状况。在这种情况下,组织依靠的是成员的技能和积极性。虽然偶尔会取得不错的成果,但总体效果不佳。通过以上分析,可以说"民主型"是最理想的类型。

民主型

- 成员之间友好相处,积极性高。
- 在工作中更容易取得成绩。
- 决策由成员协商一致决定。
- 但是要做到适时支持成员,而不是一味放任不管
- 这样做会更好。
- 好的。

家康❶

放任型

- 不愿参与进程。
- 政策的讨论和决定全都甩给成员。
- 成员积极性不高,缺乏紧迫感。
- 工作成果达不到预期。
- 只有在出现问题时才与成员沟通
- 你这个蠢材!

秀吉❷

---

❶ 指德川家康(1543—1616)。——编者注
❷ 指丰臣秀吉(1537—1598)。——编者注

关键词 → ☑权变理论

03 能否发挥领导力取决于情境

领导者能否真正管理好一个团队，在面对特定情况时就会一目了然。**权变理论**是一种用于分析不同情境下领导者能否发挥领导力的方法，它有助于人们了解领导者的不足和资质。

在权变理论中，菲德勒从三个维度讨论了领导能力可以有效发挥的情境。首先是"领导者与成员之间的关系"。领导者与成员的关系和意见统一是组织管理的核心。在任何情况下，领导者都必须具备整合下属的能力。其次是"任务结构"。工作程序清晰、分工明确是必不可少的，因此领导者需要有沟通和组织能力。最后是"领导者的权力大小"，如果权力大，就可以自由决定预算和人员编制，但如果权力小，领导者能做到的事情就会十分有限。

洞悉领导者所面临情境的理论

①领导和成员的关系是否良好

被任命为领导，我可要拿点成果出来……

用权变理论分析一下如何？

你想努力让气氛变得融洽呢。

我和下属间的相处，大概是这种感觉。

接下来，我们来分析一下，在这三个维度下，分别是哪种类型的领导更能大显身手吧。该分析需利用"最难共事者量表"进行。这个量表要求领导者在成员中选出他认为最难与之共事的一位，并通过打分来评价这个人。给最难共事者打分高的人被认为是"人际关系导向型"领导者。这类领导面对不擅长应对的员工也能顺利地与之接触，在一般情况下能够有效提高业绩。给分低的人被认为是"任务导向型"领导者。他们通常对他人容忍度较低，具有控制欲，乍一看会让人怀疑他们的领导素质，但在组织快速发展或对成果要求较高的情况下，他们的表现是值得期待的。无论是哪种导向的领导者，都能根据组织面临的具体情境，展现和发挥自己独有的优势。

② 工作的程序和成员的职责是否明确

③ 领导者的权限有多大

最难共事者量表

关键词 → ☑愿景

04 什么是愿景型领导

当传统的管理体制无法应对全球性问题时,往往需要具备革新能力的领导者出场。领导者想在展示对未来清晰构想的基础上充分发挥自己的实力,就必须具备"愿景型领导"的资质。

领导者有两种类型:一种是在平常时期安稳可靠的领导者,另一种是在紧急时期力挽狂澜的领导者。在20世纪80年代,美国出现了贸易赤字和预算赤字,正是因为出现了能推动变革的领导者,才得以跨越这场危机。南加州大学教授沃伦·本尼斯和他的同事发现,"愿景型领导"的资质,是领导者们都应具备的。提出对未来发展的清晰愿景,可以使成员们享有共同的奋斗目标,由此,一种带头率先攻克以前从未经历过的困难局面的领导风格应运而生。

进行变革的领导者需要具备远见

我们公司的经营状况很危险啊……

经营顾问

我想去拉斯维加斯玩嘛!

第三任社长

货币危机加上市场管制……这种时候靠这些家伙可不行。

股东代表

我明白了,由我来接任吧。

我们只能靠您了。

附属公司CEO

愿景型领导主要通过四个阶段来构筑领导风格。第一步是通过阐述愿景来吸引凝聚他人，即通过阐述策划和销售等营销战略的魅力和效益，以此吸引人们。第二步是让人们了解愿景中的目标，从理论上解释这样做的原因并取得共识，这将促使成员采取积极行动，使组织开始顺利运转。第三步是知行合一，通过贯彻言行一致的态度来实现愿景中的目标，这样可以加深成员的信任，提高他们的积极性。第四步是"树立积极的自我观，不畏自己的弱点和失败"。了解自己的优势，并在组织中有效发挥这些优势，也会促进变革的成功。

①明确愿景，吸引他人

- 把××部门卖掉吧。
- 通过兼并收购○○公司。
- 在国外开设加密资产交易所。

②传达愿景中设定的目标

- 以出售差价作为资金来源。
- 获得○○公司的代币发行特别许可。
- 我们要在开设的交易所开展代币交易的新业务。

③知行合一，以行动支持愿景

- 让我们齐心协力，干成新事业吧！

④树立积极的自我观，不畏自己的弱点和失败

- 销售额也逐渐上升了，对自己有信心很重要啊。

代币销售情况

关键词 → ☑魅力型

05 什么是魅力型领导

魅力型领导是一种在非常时期急需的变革型领导类型。这是一种以自身人格魅力吸引他人的领导,当然,现实性的管理意识和清晰的愿景也是必不可少的。

德国社会学家马克斯·韦伯在20世纪20年代提出,"支配的类型有法理型、传统型和魅力型"。而"魅力型领导"是在魅力型支配概念的基础上诞生的一种领导力类型,由美国的康格和卡农戈于1987年提出。"魅力"指的是领导者的非凡品质和能力,在组织中,魅力型领导是指要求所有人都无条件服从的领导者类型。需要注意的是,虽然魅力型领导与愿景型领导有许多相似之处,但两种领导类型的本质却截然相反。

了解"魅力型领导"的特点

来,大家和我一起努力吧!

具有领袖魅力的领导

魅力型支配
来自拥有魅力(能使他人折服的存在感)的领导者的支配

①陈述清晰的愿景以吸引他人

我们加入虚拟加密货币市场吧!

②及时适应环境变化

比特币交易最近不景气,改成投资以太币吧。

比特币

以太币

魅力型领导的特点包括：①通过描绘愿景来吸引他人；②能够对环境的变化立即做出反应；③思维灵活而不拘泥于常规；④具有冒险精神而不惧怕风险；⑤能够把握当前的问题核心；⑥关心团队成员。①是愿景型领导也具有的共性，但拥有魅力型领导特质的人更容易获得他人的共鸣。②对于变革时期的领导者来说至关重要，他们能够清楚地判断正在发生什么以及该如何应对。③能起到更新组织文化的作用，是变革的推动因素。④是在现有工作方法收效甚微的情况下，不可或缺的一项能力。⑤是指常以合乎逻辑的方式思考和提出问题，以便准确了解现状。⑥也十分重要，对成员情感方面的关怀，如对成员们的照顾，会提升领导者在组织中的地位。

法理型支配	传统型支配	愿景型领导	
在社会和组织中以法律为标准来支配人们	通过身份、家世等上下关系来进行支配	虽然与魅力型领导有一些共同点，但处于魅力型领导的对立面	

VS

③不拘泥于常规的灵活思维

把我们公司发工资的方式也转变为发加密货币吧？

⑤把握当前的问题核心

要不要选择手续费更低的加密货币？

④不惧风险的冒险精神

以太币

暴跌也不是问题，反而我们要在这时买入。

⑥关心团队成员

感谢大家一直以来的付出。等下我们一起去喝一杯吧。

关键词 → ☑公仆型领导

06 什么是为成员服务的公仆型领导

传统意义上的领导者几乎都是带头领导成员的先驱者形象。然而，在当今多样化的工作系统中，在背后支持成员并管理整体进展的 **公仆型领导** 已成为人们期望的新型领导形象。

大多数领导力特质追求的都是鼓励和领导下属。但如今，因为种种社会因素的影响，在不得不谋求经营环境改变的现代社会，需要能将整个团队拧成一股绳的领导。这就是"公仆型领导"。公仆=管家（服务者=领导者），这看上去似乎有些不可思议，但如果领导满足以下十个特征，整个团队的表现就会显著提高。

①倾听，是指认真倾听团队成员的意见，这是一项重要技能。②共情，是指设身处地为成员着想。③治愈，是指察觉到成员的烦恼，并通过缩短彼此距离，从心

在背后默默支持成员的领导者

理上支撑着他们解决问题。④觉察，是指公正地看待和判断事物。偏见和成见是最大的敌人。⑤说服，是指通过讨论说服成员，不能单方面下达命令。⑥概念化，是客观地审视组织和个人，从全局视角整理事态。⑦前瞻，根据当前和过去的数据制定面向未来的策略。⑧担任管家，将组织及成员的需求放在首位，只考虑自己的利益是无法做到这一点的。⑨参与成长，是指促进成员的成长，这需要了解每个人的才能和潜力才能做到。⑩社群建设，留意成员间是否能顺畅合作，创造一个成员可以相互沟通的环境也是十分重要的。

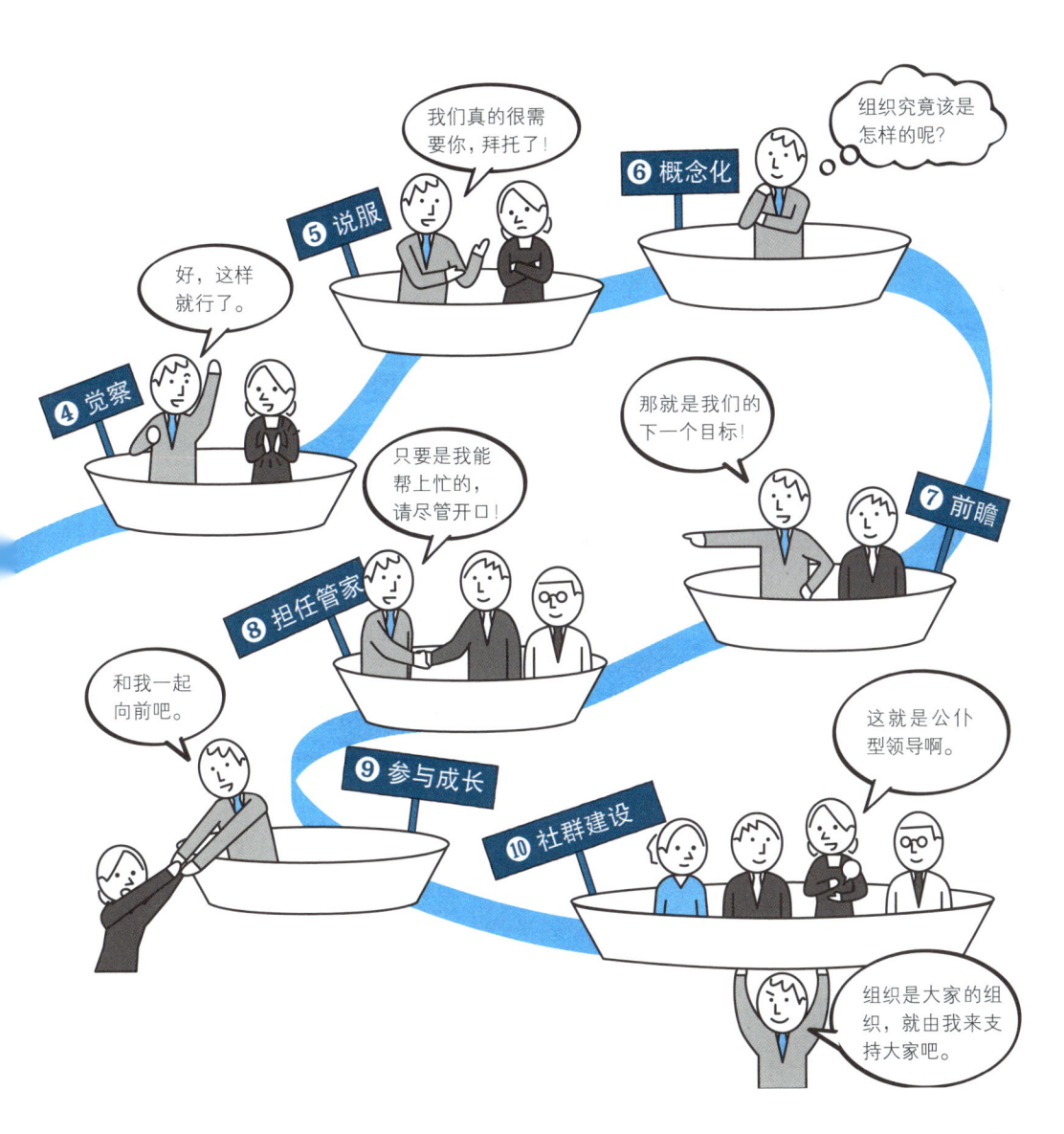

关键词 → ☑ **真实型领导**

07 重视道德观的真实型领导究竟是怎样的

曾经有一段时期，领导常以傲慢的态度强硬地领导下属，从而获取高额的营收。但现代社会需要的是拥有正义感和道德观念，以自己的信念和价值观为基石，能与同伴共进退的**真实型领导**。

自21世纪初，雷曼事件等破产事故在经济大国美国频发，像这样因大企业领导人领导力缺乏所导致的企业破产事件层出不穷。因此，现代社会需要具有正确道德观的真实型领导。真实型领导，即真正的领导究竟是怎样的呢？那就是不追求理想形象，而是以自己的风格带领成员的领导。第一，"不要轻易动摇自己的领导风格"。面对组织运营中常态化的贿赂和拉关系现象，领导者要能够坚守自我，断然回绝，表里如一地展现出高度的道德伦理和客观理性。

领导者拥有正确观念的必要性

过去的领导形象是……

| 指导能力 = 自命不凡 | 改革创新 = 滥用职权 | 并且……缺乏责任感 |

（开除！ 开除！ 拜拜！ 没法在这种领导手底下继续干了…… 大家快看那个！ 钱 破产）

第二，"在追求有价值的使命或事业的过程中，坚定不移地发挥领导力"。如果领导者的目标仅仅是追求个人利益，那么难免会忽视对组织的忠诚以及对成员的关怀。第三，"真正的领导者是原创者，而不是抄袭者"。简单地复制别人的理念是不具有说服力的。此外，如果你的信念会轻易被他人的评价所左右，没有人会选择来追随你。第四，"基于自身的价值观和信念行事"。你要以身作则，展示你重视的品质以及在领导团队时真正重视的价值。如果能做到并将以上四点传达给组织成员，那么领导者就会被认为具有正直的人格和良好的人文素养。这自然会促进领导者与团队成员之间的沟通交流，从而带来更高的绩效。

① 不轻易动摇自己的领导风格

② 在追求有价值的使命或事业的过程中，坚定不移地发挥领导力

贿赂、拉关系、渎职行为，统统不可以。

没事了，新领导是我！

又来了一项挑战，大家一起加把劲吧。

③ 真正的领导者是原创者，而不是抄袭者

④ 基于自身的价值观和信念行事

我有我自己的做法。

坚守底线的事业才是有价值的事业。

关键词 → ☑ 斯坦福监狱实验

08 地位和权力会使人改变

人的性格会随着环境的细微变化而改变。那么，在地位和权力决定主次尊卑的情况下，成为上位者的人会发生什么变化呢？曾有人展开相应实验，并得到了实验数据。"令人胆寒的人类心理变化"究竟是指怎样的变化呢？

1971年，心理学家菲利普·津巴多的团队将美国斯坦福大学的地下实验室改建成监狱，并尝试了一项"地位塑造人"的实验。这项大规模实验通过报纸广告随机招募精神和身体健康的美国公民，让他们分别扮演看守和囚犯，后来这项实验被称为"<u>斯坦福监狱实验</u>"。看守演员们穿着与现实中狱警制服相似的服装。他们手持警棍，戴着墨镜，被塑造成监狱中的权威人物。囚犯演员们也同样身着仿制的囚服，上面印有囚犯编号，扮演着罪犯的角色。

通过监狱实验发掘出的人类心理

1971年，斯坦福大学地下实验设施

"教授，这里简直就像真正的监狱啊。"

"我们要在这里进行对人类心理的测试。"

"把他们分成看守和犯人两种角色来观察。"

普通应征者（看守）

普通应征者（囚犯）

第一天，他们都还没进入角色，脸上显露出困惑，但没过几天，扮演看守的人们便变得更加蛮横和霸道。与此同时，囚犯们也开始表现出被困的无助和弱小，而狱警的暴行也开始随着时间的推移而增加。这个实验揭示出，人是由其所处的环境塑造的，通过被赋予的角色获得权力的人失去了道德感，并产生恶魔般的非人人格。如果我们把这一点代入企业组织中呢？这就会导致那些成为团队领导者的人沉迷于能够控制他人的权力，同时受自身利益驱使，排除那些可能威胁到自身地位的下属。他们尤其会对那些似乎与自己一样具有强烈"权力动机"的下属保持警惕。

关键词 → ☑ 行为抑制系统、行为趋近系统

09 使掌权的领导人逐渐腐化的机制

脑科学实验表明,掌握权力的领导者倾向于用艰巨的任务和指令向下属施压,贬低他们的成果与贡献。心理学家戴维·基普尼斯及其同事将这种现象命名为"权力腐败"。

在人脑中,有一个抑制行为的"**行为抑制系统**"和一个促进行为朝着报酬和目标行动的"**行为趋近系统**",在正常情况下,这两个系统处于平衡状态,但当权力腐败发生时,"行为趋近系统"将占主导地位。在这种情况下,领导者获得的报酬或追求的目标变为"维系权力"。研究者们认为"权力腐败"发生的原因是,当人们掌握权力时,他们"换位思考"的能力会下降。美国西北大学的亚当·加林斯基教授及其同事募集大学生志愿者进行了一项独特的实验,以证明这一点。

行使权力的欲望会招致腐败

场景一:
上司:"我是新上任的经理△△,希望能和大家好好相处。"
下属:"真好,看上去是个温柔的上司。"
下属:"我是●●,今后请多多关照。"

场景二:
上司:"●●,去把这两个活儿都做完。"
下属:"好的,我知道了。"
下属内心:"使唤人的方式是不是越来越粗暴了?"

场景三:
上司:"●●工作进展太慢了!"
下属内心:"这个人怎么回事啊……和一开始完全不一样嘛。"
下属:"好的……"

在实验中，大学生被分为"高权力保持组"和"低权力保持组"，前者被要求写下他们按照自己的意愿调动他人的经历，从而加强他们的全能感，而后者则被要求写下他们按照他人的意愿行事的经历，从而使他们持有"自己没有权力"的看法。当他们被要求用记号笔在自己的额头上写下字母"E"时，前者明显倾向于写下当自己照镜子时能看到正确朝向的"E"，而后者则倾向于镜像书写，写下从他人的角度看是正确的"E"。

这个实验提醒我们，当权者会不自觉地处于一种无法从他人角度看问题的心理状态。当领导者在不知不觉中成为"独裁者"时，组织的道德价值观和健康的管理环境可能会瓦解。

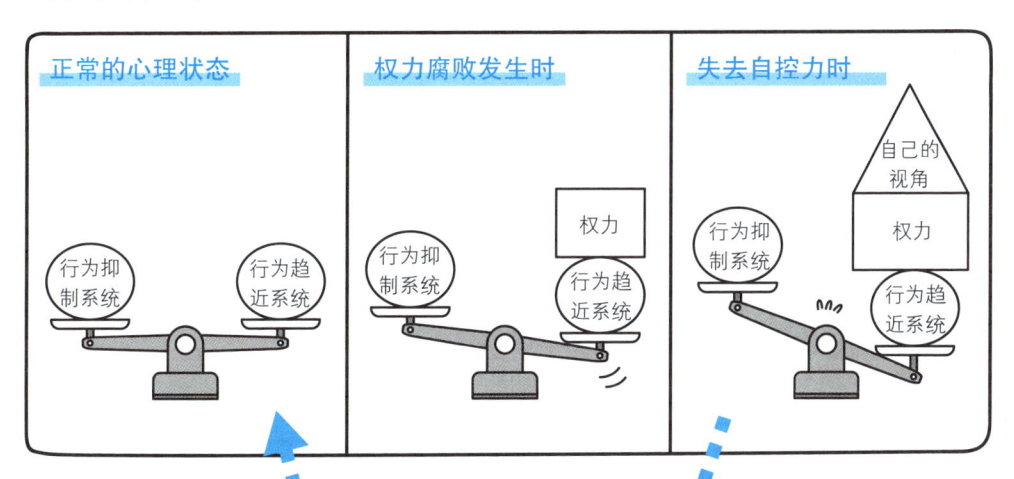

关键词 → ☑ 向上影响策略

10 下属向上司提出要求的九种策略

为了不陷入"权力腐败",领导人应该怎么做?通过了解下属对自己的看法来进行自省就是其中一种有效手段。"下级对上级提出的要求"就是一个参考指标,在组织心理学中被称为"向上影响策略"。

下级向上级提出要求时所使用的"向上影响策略"可分为九种类型。①合理性:展示事实证据或专业信息,有逻辑地解释说明。②热情性:饱含热情地与他人交流自己的价值观和理想。③协调性:积极参与决策和计划,或寻求他人的支持和建议。④服从性:觉察上级的情绪,并附和上级的意见,采取"伪民主主义"的态度。⑤交换性:和对方约定,这次接受帮助后下一次也会援助对方,使他人想起过去获得过的恩惠。⑥个性化:在提出请求前,先强调与对方的私人关系。⑦更上级

下属与上司交锋时所采取的策略是什么?

的权威：以更上级权威的支持、规则和习惯作为依据，提出诉求。⑧主张性：指出规则并反复要求对方遵守，有时还包含威胁和施压。⑨联结性：通过获取同事或自己下属的支持来提出要求。

如果下属使用③或④那样相对柔和的策略来提出要求，说明他们与上司建立了良好的人际关系。如果下属使用了⑦、⑧或⑨等硬性影响策略，意味着下属与上司的关系处于相当危险的状态，因为这些策略可以说是不容置疑的强硬手段。此时，领导者要认识到下属对领导缺乏信任、充满不满的这一状况，并努力改善彼此的关系。

关键词 → ☑任务（请求内容）

11 下属会根据上司的类型使用不同的影响策略

下属会使用九种"影响策略"中的哪一种呢？决定这一点的因素有很多，其中最重要的是"上司的类型"。最明显的是专横独断的上司和重视团体合作的民主上司之间的区别。

下属有"不想搞砸事情"的基本倾向。因此，面对专横的上司，下属往往会默默地执行指示，哪怕他们并不认可；而面对民主的上司，下属则会向上司寻求可以接受的解释，并努力了解自己的处境。

下属也会根据**任务（请求内容）**的不同使用不同的影响策略。在试图获得工作改进或产品项目计划的批准时，他们可能会尝试从逻辑上来说服上司（合理性策略），或者拉拢同伴并越级申诉自己的想法（联结性策略）。

根据任务类型选择最佳影响策略

选择最佳影响策略

向上影响策略

❶ 合理性 ❷ 热情性
❸ 协调性 ❹ 服从性
❺ 交换性 ❻ 个性化
❼ 更上级的权威
❽ 主张性 ❾ 联结性

要点在于要选择适合自己上司的影响策略哦。

多种多样的上司形象

专制的上司

民主的上司

自由放任的上司

另外，下属在对抚养孩子等个人事务提出请求时，更倾向于在和睦的气氛中谦逊地提出要求（服从性策略）。然而，下属有时也会有意识地采取与上述倾向截然不同的策略。这就是所谓的"加倍奉还"，即下属开始反抗上司了。如果下属的不满之处一直得不到改善，或他受到上司的不合理对待，那么下属就会不惜赌上在公司的职业生涯，采取策略来对抗上级。

当这种情况发生时，上下级关系就完全背离了前面提到的"不想搞砸事情"的状况，可以说上下级之间的信任关系已经走向了穷途末路。

收到并不认同的指示或对上司提出请求时……
④ 使用服从性策略笼络上司

反复提出请求时……
③ 谨慎地使用协调性策略
⑧ 使用主张性策略与上司正面交锋

收到并不认同的指示或对上司提出请求时……
⑦ 利用更上级的权威来压倒对方
⑧ 使用主张性策略与上司正面交锋

收到并不认同的指示或对上司提出请求时……
① 使用合理性策略与上司对峙
② 使用热情性策略来坚持到底

反复提出请求时……
① 使用合理性策略来反驳上司
② 使用热情性策略来说服对方
⑨ 使用联结性策略给对方施压

反复提出请求时……
⑨ 使用联结性策略给对方施压

关键词 → ☑退出、呼吁、忠诚

12 提高自己在组织内话语权的方法

怎样才能提高在组织中的话语权呢？为了更有效地让上司接受自己的主张，不仅要依赖自身意愿等利己的动机，还需要从同样境遇的人们以及社会全体的视角出发，提出利他性理由。

德国政治经济学家艾伯特·O.赫希曼提出了组织中的员工在遇到问题时可以采取的三种个人行动：**退出**（离开组织）、**呼吁**（大声呼吁倡导改进）和**忠诚**（提高在组织中的参与度）。

赫希曼认为，如果一个对组织忠心的人开始考虑离职，那么他越忠心，在下决心离开前就越会费心大声疾呼。如果忠心的人隐约透露出想离开的迹象，上司或公司通常会采取一些行动。因此忠心是提高话语权的一个重要因素。

也可以活用"退出"这张王牌

我也想像这样帅气地发言，被公司认为是不可或缺的人才……

赫希曼提出了发声有时也被认为是一种"利益相关的声明"这一观点。

无论话说得多好，如果它只是出于自我推销等利己的动机，上司就不会认真看待它，这样自然不会产生预期的效果。在这种情况下的发声会降低上司对发声者的印象，甚至有可能会降低发声者话语权。

相反，如果能表明自己不仅是在为自己，也是在为公司和同事们发声，那么你的意见和论点就更具有意义，更容易被上司接纳。

出于对公司的忠心进行发言，同时还具有利他的视角……可以说，这样的人往往在组织内会具有更强的话语权。

退出
- 已经不想再干了。
- 等等，你走了公司就麻烦了。

呼吁
- 现在的情况下更需要进行创新！

忠诚
- 我什么都会做的。
- 请交给我吧。
- 我会干劲满满地做完！

在这之前　　首先从这里开始

好！我也来试着实行退出的方法吧。

《欲望与利益》 艾伯特·O.赫希曼

艾伯特·O.赫希曼

处于组织中的人有三个选项。

关键词 → ☑冷处理、惰性、排除

13 无能领导常见的三种共同行为

当忠于组织的下属表达意见时，称职的上司会做出相应的反应。然而，不能理性看待形势的上司往往会采取一些打击下属积极性、导致组织衰退的行为。

当无法充分理解下属提出的意见时，上司往往很难妥善处理这些意见，而是采取以下的行动。

第一，无视下属难能可贵发言的"**冷处理**"。第二，派发例行工作的"**惰性**"。第三，将员工赶出组织的"**排除**"。

在组织衰退时，管理层常常会采取这类行动。这三种行为都是非建设性的，对组织来说几乎只有坏处。

一些会使组织衰退的不良行为

> 我有一个能提高工作效率的建议。

> 我整理了前几天的营业方针的改善点。

> 部下这么努力，你应该回应他的热情。

> 被部下小看了吧？来给他点惩罚吧！

一名优秀的领导者能够通过下属所使用的影响策略，认识到他们的特征和目标，以及他们对组织及工作持有的信念，并能推断出如何最大限度地发挥员工的能力，以及如何处理他们提出的意见。并且，领导还应该能够从下属的意见中推测出他们是如何看待自己的领导风格的。

像这样基于下属反馈来重新审视自己，积极内省反思，就能激活组织的自净作用，阻止组织的衰退和权力的腐败。一个优秀的领导者必须能够揣摩敢于直言的下属的感受。重要的是，即使身居要职，也不能失去应有的"反省能力"。

真麻烦啊……	好，我会妥善处理的。
冷处理 ……	**听取下属的策略** 是个好主意啊。
惰性 好了，把平时的报告交上来。	**了解下属的信念** 原来你一直这么为公司考虑啊。
排除 比起这里，还有更适合你们的部门。	**了解下属对自己的评价** 能感受到我们之间的共鸣呢。
组织衰退 哎呀？	**组织的活性化**

什么是使组织顺畅运作的领导力

关键词 → ☑ PM 理论

14 远程办公时期的领导应该怎样做

近年来，远程工作已成为一种普遍现象，上司和下属越来越多地在远程环境下工作，但在这种情况下，领导力是否仍然能得到正常发挥呢？

近年来，远程工作在全球范围内推行开来，但在远程工作的情况下，上司是否仍能展现出领导力呢？日本的一个研究小组以某家公共汽车公司为对象进行数据收集，得出的结论是，即使上司和下属处于分离状态，领导力的影响也不会改变。

该研究团队利用"**PM理论**"——一种衡量不同领导风格影响力的评估系统，对公共汽车公司员工进行了领导力培训，并考察了员工绩效和责任事故率的改变情况。结果表明，不仅公司的整体责任事故率下降了，而且在PM型上司领导下工作

远程办公具有减压效果

比利时大学进行的实验

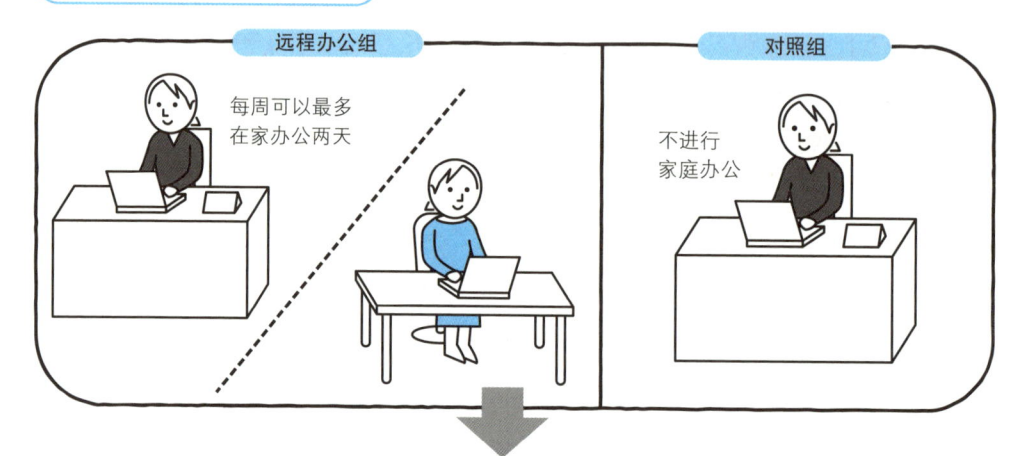

远程办公组：每周可以最多在家办公两天

对照组：不进行家庭办公

远程办公会降低压力，提高工作绩效！

的下属，事故率也明显下降。这里需要注意的关键点是公共汽车公司上司与下属（司机）之间的关系。公共汽车公司的上司和司机在一天中的大部分时间都是分开的，他们唯一见面的时间是上班前和下班后的点名时间。尽管如此，与其他领导风格的上司相比，PM型上司领导的下属，责任事故率更低。这说明，即使在远程办公的工作环境下，日常的领导力也非常重要。

在远程办公中也能发挥领导力

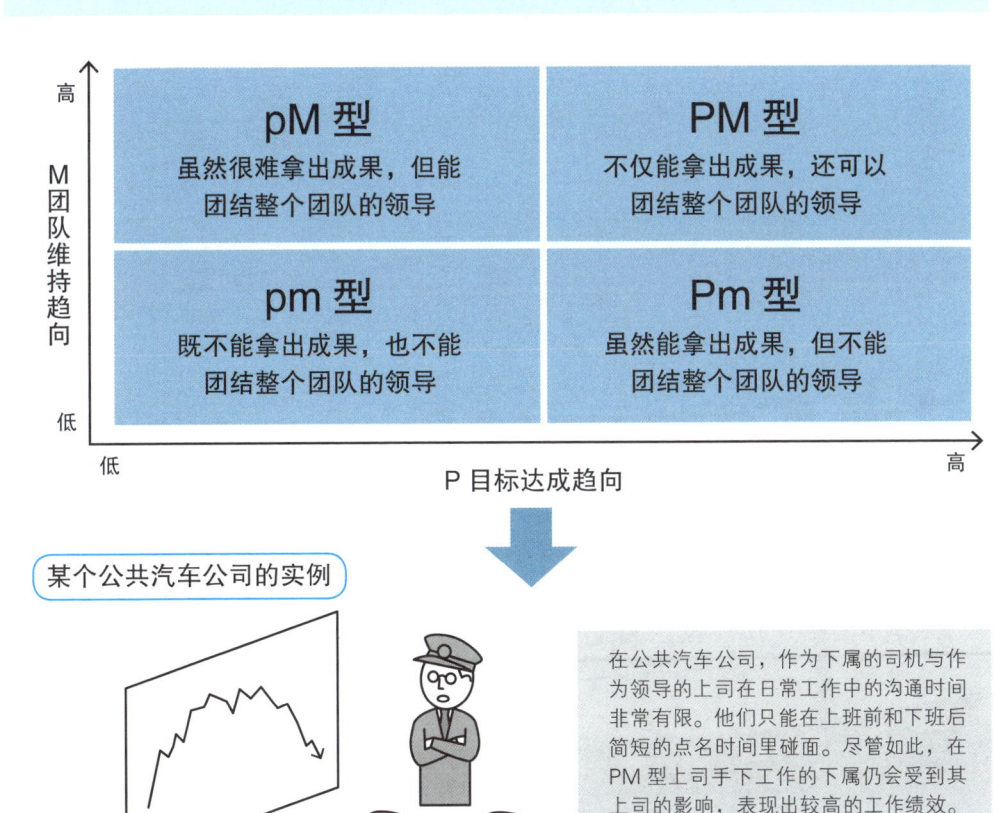

M 团队维持趋向（高 / 低）

pM 型
虽然很难拿出成果，但能团结整个团队的领导

PM 型
不仅能拿出成果，还可以团结整个团队的领导

pm 型
既不能拿出成果，也不能团结整个团队的领导

Pm 型
虽然能拿出成果，但不能团结整个团队的领导

P 目标达成趋向（低 / 高）

某个公共汽车公司的实例

根据 PM 理论对公交公司员工进行了培训，其结果是该公司整体责任事故率降低了

在公共汽车公司，作为下属的司机与作为领导的上司在日常工作中的沟通时间非常有限。他们只能在上班前和下班后简短的点名时间里碰面。尽管如此，在 PM 型上司手下工作的下属仍会受到其上司的影响，表现出较高的工作绩效。这表明，即使是在远程工作且上司与下属没有太多接触的情况下，上司的领导力也会对下属产生影响

6 什么是使组织顺畅运作的领导力

7

挽回信任的方法论
——极易瓦解的信任关系

一旦失去信任,再想挽回难上加难。
本章我们将学习如何修复组织中的信任关系。

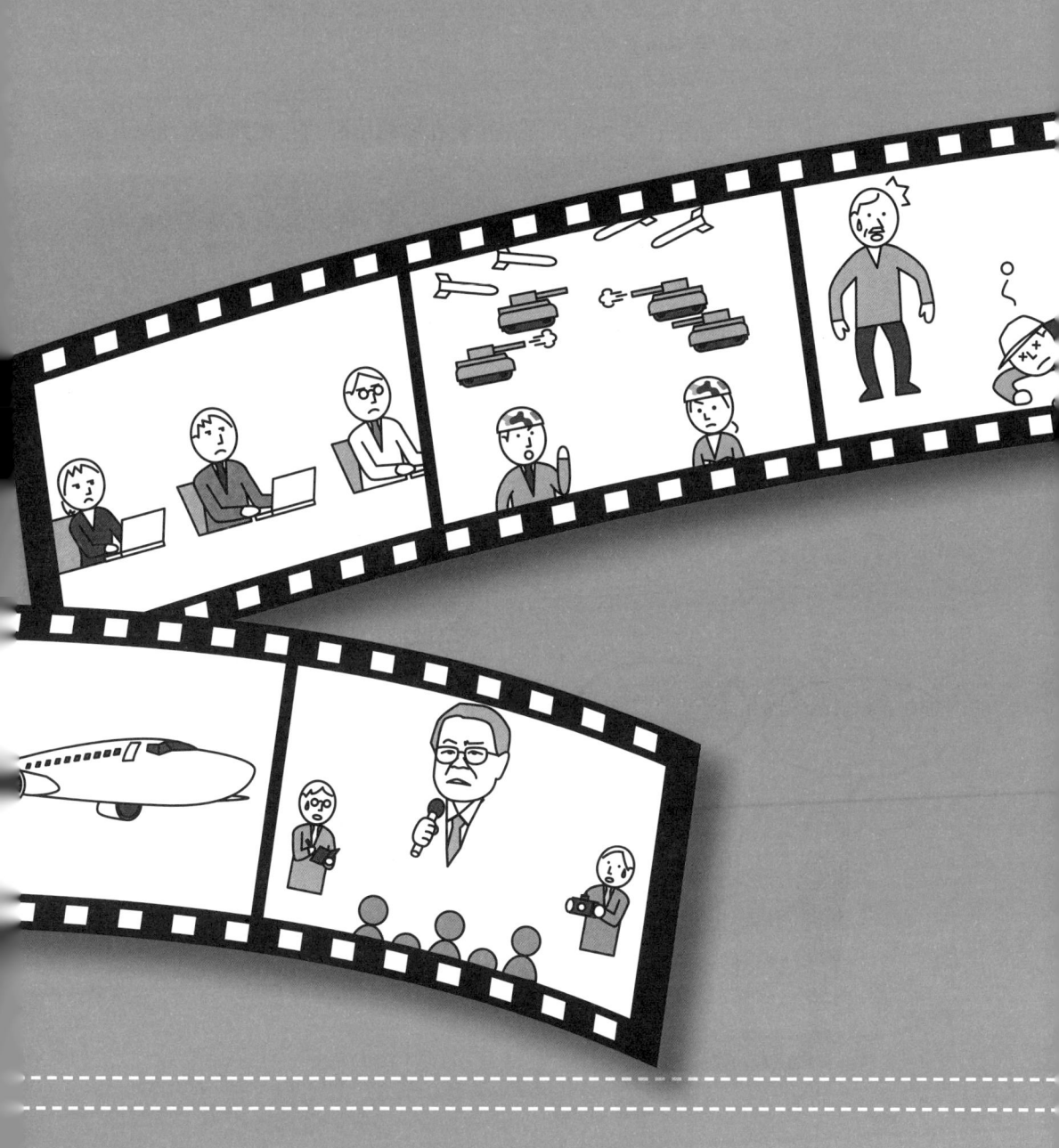

关键词 → ☑信任瓦解

01 仅一次自私的行为就会失去组织的信任

俗话说："建立信任需要时间，但失去信任只需要一瞬间。"这句话适用于朋友关系、恋爱关系等各种情况，商务场合也不例外。在组织中，"**信任瓦解**"转眼间就可能出现。

职场中信任关系的瓦解有哪些情形呢？尽管在脑海中隐约会想到某些场景，但大多数人可能无法给出明确的答案。

一般来说，在认识半年以上，或者在共同完成一整年的工作后了解了彼此为人时，信任关系容易瓦解。

即使一开始彼此都很关心对方，但过了一定时间后，对方的"本性"就会逐渐暴露出来，这就导致了"没想到他是这样的人"的信任瓦解。

破坏人际关系的第三者之言

我是××，从这个月开始承蒙您关照了。

我是××经理，今后也请多关照。

第一天

点击这里，图表就能顺利运行哦。

太感谢啦，立马就理解了。

一周后

信任瓦解最常见的决定性因素是职场内"口口相传的批评"。"××在酒会上说过你的坏话哦""那个人干了这种自私的事哦",以此类话语为导火索,致使双方关系发生破裂的情况不在少数。这被称为"温莎效应",即人类有一种心理倾向——觉得通过第三方做出的评价"可信度更高"。这与人们将网购和美食网站的评论视若珍宝的理由是一样的。

因为我们对自己判断一个人是否值得信任的能力缺乏信心,所以我们倾向于在看似客观的第三方判断中寻求价值。如果仅因为一次自私的行为就产生了"口口相传的批评",就可能严重影响职场中的信任关系。

7 挽回信任的方法论——极易瓦解的信任关系

半年后
— 没关系,因为我想快点熟悉工作。
— 总让您加班,真是不好意思。

一年后
— 你听说了吗?经理对你很失望。
— 怎么会……

两个月后
— 今天只请你吃了员工餐,真不好意思。
— 午餐承蒙您的招待。

— 也许只是为了方便而利用我。

— 什么?说你坏话的原来不是经理,是小组长?算了,管他呢。
— 不会再上当了。
— 气氛怎么突然变紧张了?

关键词 → ☑人性

02 一旦发现对方隐瞒了失误，就不会再信任对方的人性

"隐瞒错误"也是职场人际关系瓦解的重要原因。生而为人，谁都会有失误，但如果加上"隐瞒"这一要素，问题就会被上升到 **人性** 层面，而不仅是工作层面。

"隐瞒错误"在人际关系中会带来颠覆性的冲击。不仅是因为犯了错，更因为隐瞒行为凸显出不诚实。从上司的角度来看，被寄予期望且值得信任的下属背叛，会引起一波强烈的失望，"竟然会有所隐瞒，他原来是这样的人啊"，类似的震惊、愤怒以及对自己曾经信任对方的后悔等消极情绪如同波浪一样涌来，这导致上司更加确信了对这个人性格、气质等"人性"方面的消极评价。

通常来说，我们都认为人不会轻易改变。很多人都深切地感受到性格、价值

致使评价一落千丈的隐瞒行为

完了，把公司的会计数据抹掉了。

初始化

装作不知道 → 数据怎么被删掉了？ 有谁知道吗？ 我不知道，我不知道。

坦率告知 → 没事，人总是会犯错的嘛。 下次可要小心喽。 对不起……

观、伦理观等人的本性并不是那么容易改变的。像"隐瞒错误"这样严重的事情很容易和当事人的人性联系在一起，如此一来就容易产生这样的评价——"他一直是这种性格的人""再也不能和这种人交往了"。并且这一印象非常牢固，以至于无法轻易改变。

此外，上司的行为也是导致信任关系瓦解的致命一击。"抢走下属的功劳""把失败的责任推给下属"等情况常有发生，这种蛮横自私的行为会迅速破坏彼此的信任关系。

关键词 → ☑睡眠负债

03 消极情绪会影响身体健康

身处随时可能产生信任瓦解的职场关系中，会产生消极的情绪。这种情绪会使我们的肉体本能地作出反应，从而产生身体不适、工作绩效下降等负面影响。

抱有消极情绪的人经常会出现"心情低落""为了工作不得不学习，但学不进去""头痛"等症状。虽然不明缘由，但总觉得不舒服，这种状态被称为"不定陈述综合征"。

其症状包括情绪低落、停止思考等，如果这种状态频繁发生且长期持续，就会对生活和工作产生严重影响。根据情况的不同，消极情绪与身体状态恶化相结合，就会导致身心俱疲，最终有可能被迫辞职。

职场压力对身心的损害

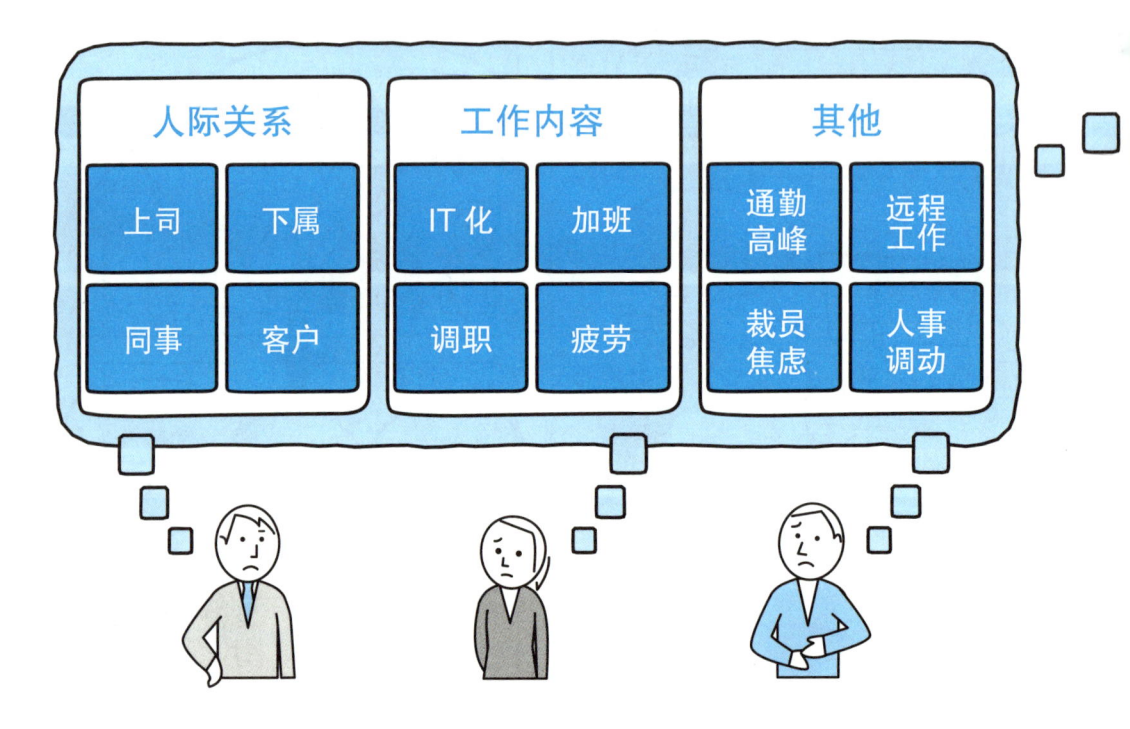

人际关系		工作内容		其他	
上司	下属	IT化	加班	通勤高峰	远程工作
同事	客户	调职	疲劳	裁员焦虑	人事调动

另外，被消极情绪支配的人经常会抱怨自己"睡不着"。**睡眠负债**，即长期的睡眠不足像债务一样累积起来，被认为是当代的主要社会问题之一。由于担心其损害身心健康、增加疾病风险、降低生产效率等，日本每年因此造成的经济损失约15兆日元。

"睡眠负债"被公认为是一个关系到职场人际关系和社会整体工作方式的问题，包括经营者在内的整个组织都需要处理和解决这个问题。首要之务就是减轻职场人际关系带来的压力，尽可能地避免消极情绪。我们应该从职场这样的身边环境开始改变社会。

消极情绪积累的后果……

头疼了。

好烦，心情郁闷。

听不进别人的话。

甚至有人辞职

睡不着。

睡眠不足导致的"睡眠负债"已成为社会性问题。缓解压力迫在眉睫

关键词 → ☑谢罪

04 如何有效"谢罪"以挽回失去的信誉

如果上司和下属之间发生了一次破坏信任的事件，那么彼此的信任关系还能修复吗？答案是：可以。如果能正确地"谢罪"，就可以避免最坏的情况发生。

美国西南航空公司首席执行官加里·凯利的案例被誉为理想的"谢罪"。2005年12月，该公司一架飞机在降落时发生冲出事故，造成十余人伤亡。凯利在事故发生数小时内召开了道歉发布会，随后飞往事故发生地，再次召开发布会表达对受害者的关心并承诺给予援助。这种快速应对的行动和不找借口、贴近受害者的态度，得到了当地媒体的高度赞扬——"这是一次充满关怀的记者会"。第二年，该公司的收益创下了历史新高。

谢罪方式决定往后的命运

被重要的客户解除了合同……

我一点儿机会都没有了吗？

那要看你的表现了。

真的吗……我会再次去谢罪。

谢罪的方式会大大改变你之后的命运。

反之，如果采取与凯利相反的谢罪方式就会破坏信任，并且需要很长时间才能恢复。2000年雪印乳业由于低脂奶引起的食物中毒事件就是典型例子。

那时高层召开的记者发布会决定了此事件对公司的损害程度。当记者们要求延长发布会时，雪印乳业的总裁在乘坐电梯时说道："说得轻巧，我为了这件事甚至没睡觉！"虽然之后社长立马表达了歉意，但这种以自我为中心的发言在被媒体报道后，受到了社会的强烈抨击。由于子公司的丑闻，集团的经营情况迅速恶化，被迫重组。可见，谢罪的方式会让结果出现天壤之别。

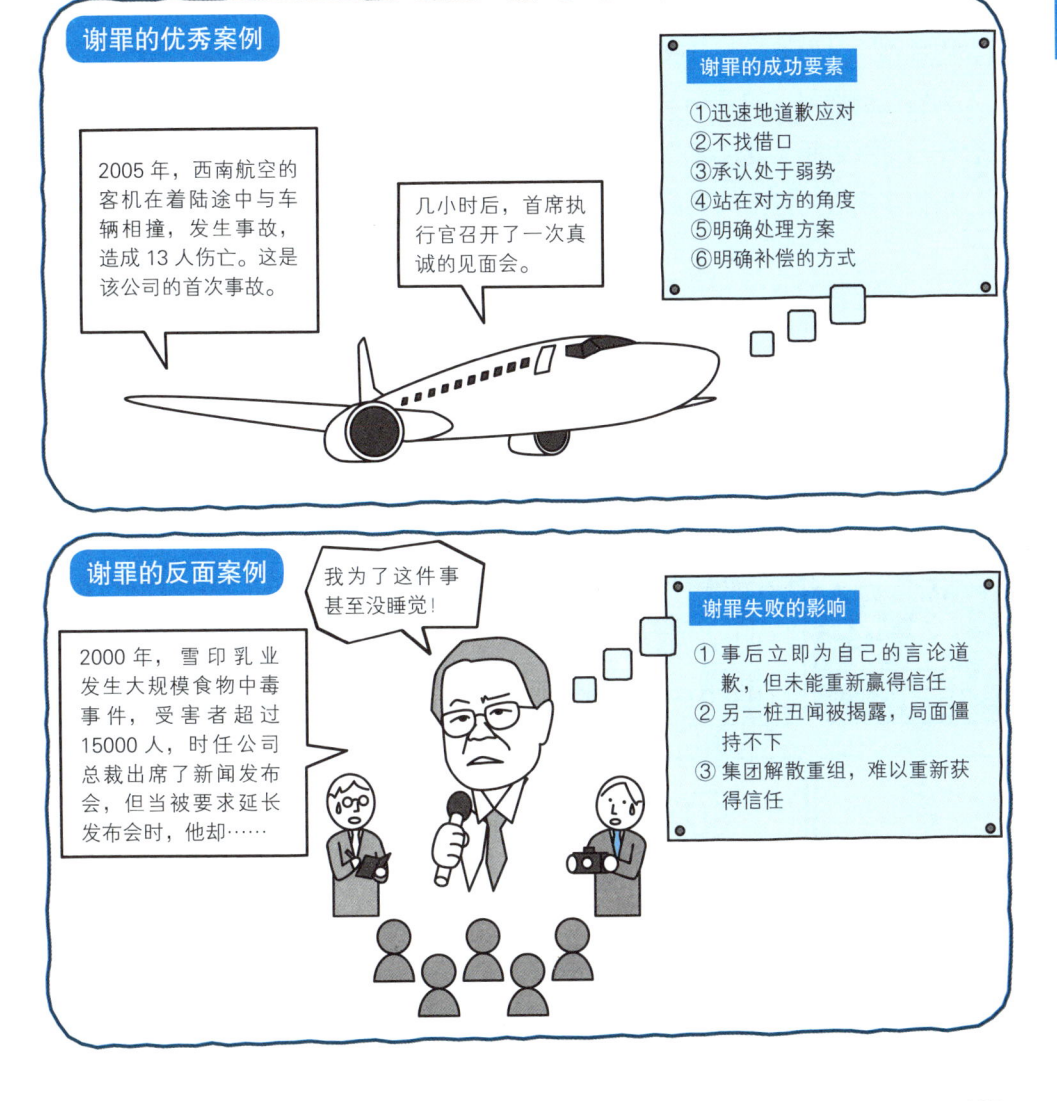

谢罪的优秀案例

2005年，西南航空的客机在着陆途中与车辆相撞，发生事故，造成13人伤亡。这是该公司的首次事故。

几小时后，首席执行官召开了一次真诚的见面会。

谢罪的成功要素
① 迅速地道歉应对
② 不找借口
③ 承认处于弱势
④ 站在对方的角度
⑤ 明确处理方案
⑥ 明确补偿的方式

谢罪的反面案例

我为了这件事甚至没睡觉！

2000年，雪印乳业发生大规模食物中毒事件，受害者超过15000人，时任公司总裁出席了新闻发布会，但当被要求延长发布会时，他却……

谢罪失败的影响
① 事后立即为自己的言论道歉，但未能重新赢得信任
② 另一桩丑闻被揭露，局面僵持不下
③ 集团解散重组，难以重新获得信任

关键词 → ☑回报策略

05 原谅对方、相互合作终有裨益

在被伤害后，人们很难原谅对方。而被信任的伙伴背叛时想原谅他更是难上加难。但是，如果对方悔过自新后你仍固执己见，不原谅对方，那么最终也会使自己利益受损。

在社会心理学和进化心理学等领域中，人们对"囚徒困境"博弈论模型进行了大量研究。囚徒困境，即两名参与者扮演囚犯，如果他们互相合作并保持沉默，刑期会因证据不足而减少，总收益也会最大化，但是如果有一方背叛对方坦白，那么个人利益就会增加。如果双方都背叛对方并坦白，则任何一方都不会受益。此外，在合作与背叛之间反复选择的情况被称为"重复囚徒困境"。

根据多项研究得出结果：起初双方会合作，共同保持沉默，一旦有一方被对方

原谅的勇气为何重要？

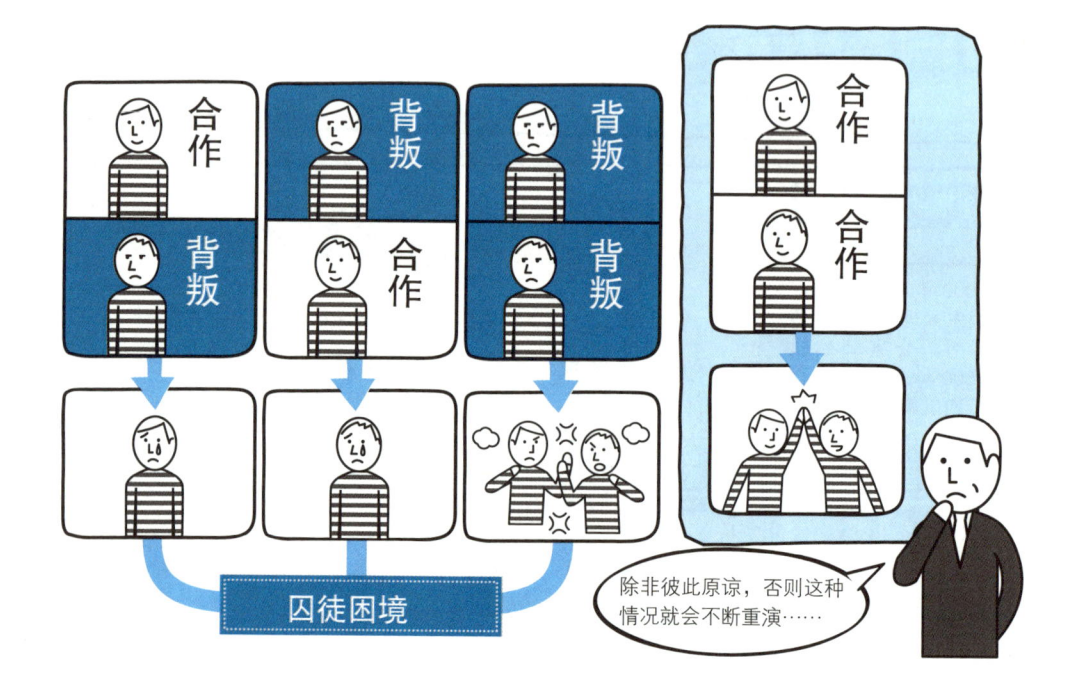

囚徒困境

除非彼此原谅，否则这种情况就会不断重演……

背叛，那么他最终也会背叛对方。然而"**回报策略**"，即与对方采取相同的行为实现双向合作，被认为是最有利的长期策略。如果对方带有恶意，"以牙还牙"的态度可以对背叛起到"威慑"作用，但倘若对方改过自新后你仍不原谅，那就会错失合作带来的巨大利益，从而导致双方利益受损。虽然被背叛的一方很难谅解对方，但是通过原谅来修复恶化的人际关系，通过合作来避免彼此消耗、实现共赢才是上上之策。

A公司：可恶，快把我们的客户加倍返还！
（A公司与B公司签订了合同）

B公司：A公司抄袭我们的产品！
（A公司的巧克力比B公司好吃）

原谅的勇气关系到彼此的利益！

这样下去，不是打垮对方，就是被对方打垮。

这样真的可以吗？

事到如今也没有退路了……

往事就让它随风吧，您觉得呢？

有什么需要协助的，您尽管说。

无止境的消耗…… | **对报复行为产生疑问** | **拥有互相原谅的勇气**

关键词 → ☑压力

06 谢罪也能够减轻自身压力

"谢罪"不仅能修复人际关系，对自己的心理健康也有积极影响。上司向下属道歉会因为碍于面子而感到困难，但谢罪越是困难，谢罪后产生的精神上的效果就会越大。

加拿大的纽芬兰纪念大学以全职工作的下属，以及拥有3名以上下属的上司为对象进行了一项调查。调查对当上司因私利私欲或自身知识技能不足而伤害下属时，如果坦率地向下属道歉会有怎样的效果进行了研究。结果发现，当上司向下属认真道歉时，不仅是下属，包括上司在内，双方的压力都降低了，同时心态也变得更加平和。除此之外还发现，越是面临严重的问题，谢罪的效果越明显。

另外，上司承认是自己的知识、技能不足导致了问题的发生，并向下属道歉，

谢罪会带来安慰和信任

你在干什么？

完蛋了……仔细看了下，原来是我的失误。

但是道歉的话我的权威就……

能够让上司本人的心理状态稳定下来。上司如果不道歉，就会在自己的心中留下阴影，这可能会加重其精神上的不安。

但遗憾的是，现实中很多上司都不会选择谢罪。他们只能从上下级的角度来看待上司和下属的关系，因此一旦承认自己知识、技能不足或是自身存在错误，奇怪的自尊心便开始作祟，因此无法道歉。如果因为上司这种不必要的自尊心而增加下属的压力，无疑会给公司带来负面的影响。我们不应该被面子或自尊心束缚，必须好好看清真正重要的是什么。

① 不谢罪

气氛很沉重……

上司和下属都有压力，持续负面状态

② 不管怎样，先谢罪

上次说得过分了。

是，我明白了。

上司和下属的关系虽然修复了，但是仍有间隙

③ 承认错误并谢罪，谈及今后的打算

这次是我的错，今后我会注意的，请原谅我。

不要这么说。

我明白经理的心情了。

今后也请多多关照。

上司和下属都能消除心中的烦恼，建立更深的信任关系

关键词 → ☑对话

07 通过沟通和下属修复信任关系

上司和下属都有自尊心，一旦关系不融洽，就很难互相妥协去修复关系。但是，这种时候如果由上司主动"和下属对话"，双方的关系就能得到很大的改善。

美国学者关于领导力的研究结果显示，即使上下级关系紧张，与上司保持沟通的下属也往往会出于集体利益帮助同事，即便该工作与其自身无关。人们在被他人信赖时不会不开心，如果此时得到的还是在上司面前表现自己的机会，那就更不必说了。

如果下属意识到有让领导对自己刮目相看的机会，自己的想法也可能在上司或者团队的决策中体现，那么他们的工作积极性和自觉性就会提高。

上司找下属沟通的这一行为，向下属表达了诸如"你的支持对我很重要""我

让难对付的下属认真起来！

她这个人……把我这个上司当什么了呀。

我没在玩手机，只是看一眼时间。

我算错了？别在意啦。

我不想加班，先走咯！

愿意采纳你的建设性意见"的潜台词。通过迎合下属的自尊心来激发员工干劲,提高团队效绩,这也是上司职责的一部分。

总是去想下属的缺点和不足之处,无法对工作产生积极影响。与其这样,不如和下属加强沟通,不论与对方的关系如何,只有表现出对其在工作上的信任,才能调动下属的积极性。当然,如果对下属的人品有看法,心里还是会存有芥蒂,但为何不退一步海阔天空,更为大度地应对呢?能够做到这一点,也可以说是领导者品质的体现。

关键词 → ☑ 格式塔心理学

08 反省自己是否怀有偏见

在处理职场人际关系时，注意自己的心态是非常重要的。哪怕知道应该放开眼界去审视世界，人们还是会不知不觉失去大局意识、陷入死胡同，不小心就在看待事物时格局太小、心怀偏见。

格式塔心理学里的一个旅行者的故事，常被用来生动地说明人们对事物的认知和想法。

骑着马的旅人在风雪交加之中，终于历尽千辛万苦越过了被雪覆盖的"平原"，幸运地到达了能够安身的旅店。旅店的老板诧异地问道："你知道你刚刚穿过的是结冰的湖面吗？"听闻此话，一阵强烈的后怕一瞬间涌入旅行者的心头，由于过度惊恐，他竟当场倒毙……在听到旅店老板的那句话之前，旅行者一直以为自

看法改变后，世界也随之改变

你是从哪来的呀？ 哎呀，终于得救了。因为暴风雪根本看不清路。 从那边来的。	不要以为你的认知就是一切。 整体是由各种各样的元素和部分统一而成的。 库尔特·考夫卡
啥？你是从湖上穿过来的吗？ 你说湖……我还以为铁定是平原，居然是那么危险的地方。	哎？死了？ 已经……不行……了。

214

己穿过的只是一片平原,但实际穿过的却是结冰的湖面。

在格式塔心理学中,整体由各种各样的元素统合而成,而不仅是各部分元素的简单相加。例如,彩虹不是孤立的七种颜色的光,而是我们通过观察就能够一眼识别出的"彩虹"整体。人的认知和心理活动也无法被机械地拆解为一个个单独的环节,我们必须认识到人的认知过程是一个有机的整体。

根据格式塔心理学,只看到上司、下属、同事身上缺点的人,有可能就会像前述的旅行者那样视野狭窄,容易用片面的眼光看世界。如果陷入这种状态的人能够跳出自己的世界,纵观全局,反省自己的看法是否有所偏颇,那么周围的景色和环境都会发生很大的变化。

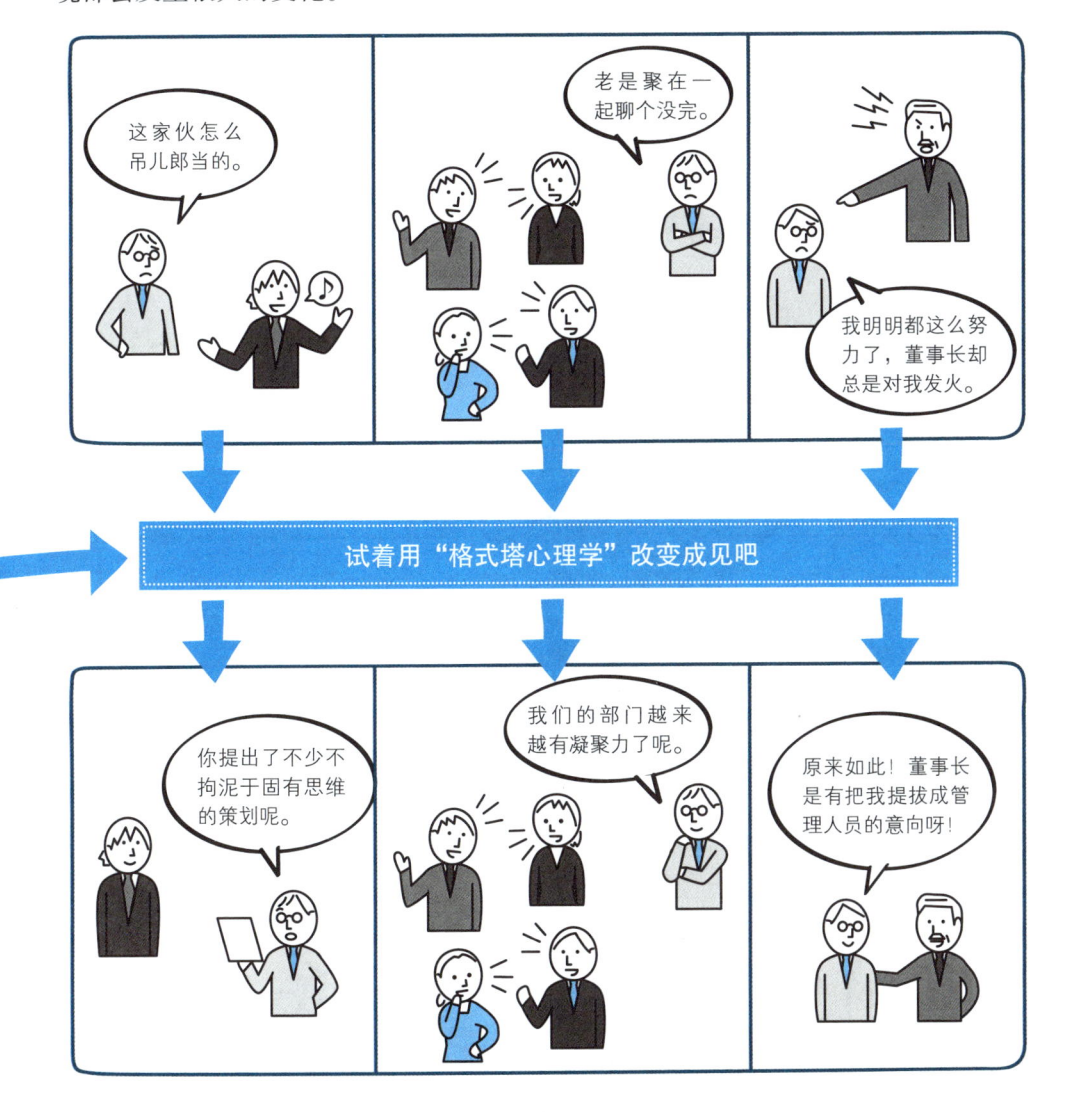

| 这家伙怎么吊儿郎当的。 | 老是聚在一起聊个没完。 | 我明明都这么努力了,董事长却总是对我发火。 |

试着用"格式塔心理学"改变成见吧

| 你提出了不少不拘泥于固有思维的策划呢。 | 我们的部门越来越有凝聚力了呢。 | 原来如此!董事长是有把我提拔成管理人员的意向呀! |

关键词 → ☑ 发散思维、收敛思维

09 思维模式决定对对方的信任

人的思维模式大致可以分为两种——"**发散思维**（扩散性思维）"和"**收敛思维**"，前者是以既有的信息为基础，多角度思考，探索新的发现和想法，后者是根据既有的众多信息，推导出一个合乎逻辑规范的答案。

意大利的心理学家们进行了一项实验，让40名年龄相仿的男女利用发散思维和收敛思维完成课题任务，并在完成任务后测定他们对他人信任（将多少钱交给对方托管）的差异。在实验中，每名被试都会得到5分钱，被试将钱交给他人托管，金额就会膨胀3倍，如果托管人从增加的钱中返还超过本金的金额，那么这些钱就是被试的盈利。然而，也会出现托管人根本不还钱，或者还的钱小于本金的情况，这种情况下托管的金额就会悉数损失。

重视发散思维

◆ **收敛思维** ◆
从众多信息中推导出一个答案

- A 不如 B。
- B 比 C 好。
- 有 D 才有 C。
- 所以 D 才是唯一解！

可以加强信任关系。

◆ **发散思维** ◆
在已有信息的基础上萌生新的想法

- B 的香味很好。
- C 的音色超赞。
- A 很漂亮。
- 再想想更多欣赏的角度吧。

实验结果表明，与运用收敛思维的被试相比，运用发散思维完成任务的被试会更加信任他人，倾向于将更多的钱交给他人托管。研究证明，思维模式的不同会导致人们信任行为的巨大差异。信任说到底只是一种思考的模式，并不是与生俱来的天性，只要在日常生活中多加用心，我们就可以锻炼思维能力、改变思维模式。

和上司、下属、同事相处不融洽的时候，虽然与之保持距离也不失为一种办法，但是大部分情况下，只有在和对方的交往中，才能找到根本的解决办法。信任不仅在人际相处中重要，在工作中也是尤为关键的。时不时采用头脑风暴等发散性思维模式，更容易集思广益，也更容易建立职场中的信任关系。

◆如果采用收敛思维◆

对上司
上司真难亲近！还总是把责任推到我头上。

对同事
真碍眼！说到底就是个竞争对手。

对下属
烦死了！眼里没活，净等着我安排！

不由自主地去想讨厌对方的理由。

◆如果采用发散思维◆

对上司
听听看上司是怎么想的吧。

对同事
有什么可以合作的地方吗？

对下属
怀着包容之心和下属交流一下吧。

调整心态很难，但这是从根本上解决问题的必经之路。

专栏

需要记住的组织心理学术语集③

1.报联商（P143）

"报联商"是汇报、联络、商谈的缩写，是商务人士的基本用语。所谓汇报，就是向上司或前辈传达工作的进展状况或结果。联络指的是向上司或前辈等有关人员告知自己工作的内容和接下来的安排等信息。商谈则指的是在发现问题或产生疑惑时，向上司、前辈或同事寻求建议。如果报联商做得不好，就有可能会导致重大失误。进行报联商能够在职场里营造一种良好的沟通氛围，因此做好报联商对日常交往中人际关系的改善有着不言而喻的效果。但要注意的是，在进行报联商时，需要挑选适当的时机，言简意赅地表达信息；同时，另一方也需要包容地接收信息。

2.年功序列制（P149）

年功序列制是一种建立在员工年龄和工龄基础上的、论资排辈的晋升和加薪制度，它曾是与终身雇佣制并立的日本式经营的支柱。该制度的出发点是将年龄和工作年限的增长与经验的积累及熟练度的上升等同。此外，这一制度也被认为受到了儒家尊重长辈思想的影响。年功序列制不仅有利于员工忠诚度、归属感的提高以及员工离职率的降低，也有利于人事考核的开展。这种制度的缺点是容易使员工丧失目标、陷入安逸。年轻员工即使取得再出色的业绩，也难以在考核中得到体现，这会降低他们的工作积极性，导致年轻员工的离职率上升。此外，职场老龄化的加剧还会导致人事成本的高涨。自20世纪90年代泡沫经济崩溃以来，日本越来越多的企业开始重新审视年功序列制。

3.最难共事者量表（P175）

"最难共事者"的英文为 Least Preferred Coworker，缩写为LPC。最难共事者量表由心理学家菲德勒提出，用于测量领导者对最难共事者的评价。回答者需要根据题目的引导对最难共事者进行评分。在最难共事者量表中得分高的回答者能够和难以共事的同事和谐相处，这类回答者是人际关系导向型领导；得分低的回答者的领导者类型则是不受最难共事者影响的工作任务导向型。在最难共事者量表中得分低（即工作任务导向型）的领导者在情况对自己极端有利和不利的两种情况下都能取得较好的成果，而得分高（即人际关系导向型）的领导者则在情势对自己中等有利的情况下表现出色。这一结果表明，情况和条件不同，有效的领导风格也不尽相同。

4.例行工作（P194）

例行工作指的是按照固定流程反复完成的日常性作业，即常规工作。具有代表性的例子有：每天在工厂按照生产规范进行的流水线制造作业，在办公室输入数据、拟定文件等工作。此外，例行工作还包括走访老顾客、接待客户、清洁打扫、接打客服电话等。与此相对，故障处理、新业务的策划和计划等工作被称为非常规工作。

5.不定陈述综合征（P204）

不定陈述综合征指的是虽然感觉到身体不舒服，但经检查找不到与不适感相符的生理病变的一种状态。其代表性的症状有头痛、倦怠、低烧、失眠等。此外，还可能会出现耳鸣、头晕、平衡障碍、心悸、发冷、发热、腹痛等多种症状。超负荷的身心压力、不规律的作息、内分泌的紊乱等常被认为是发病的诱导原因。该症状也有可能被医院诊断为自主神经功能障碍或更年期。另外，如果医院的生理检查无法找到病因，患者可能被转往心理精神科接受疑病症（患者坚信自己患有实际未患的疾病）的治疗。

6.睡眠负债（P205）

睡眠负债指的是平时睡眠不足的累积状态，也被称为睡眠贷款。欠下过多的睡眠债务会对身心产生不良影响。成年人一日所需的睡眠时间一般在7小时左右，连续两周每天只睡6小时，大脑的认知水平就会下降至相当于两天没有睡觉的状态。在身心方面，睡眠负债会导致自主神经紊乱和内分泌失调，还会引起神经系统异常从而诱发抑郁症。若再加上过度劳动，罹患心脑血管疾病的风险会激增4~5倍。日本人的平均睡眠时间正在逐年下降。有数据显示，4成日本成年人的日均睡眠时间不足6小时。然而，在休息日补觉以避免积累睡眠负债的行为反而会破坏生活节奏，适得其反。真正能缓解睡眠负债的方法有小睡、午睡、早上晒太阳刺激褪黑素分泌等。

7.囚徒困境（P208）

囚徒困境是博弈论的经典例子之一。两名嫌疑人被分别囚禁在不同的房间内接受审讯，双方面临以下三种情况：若一人招供另一人不招供，招供方无罪释放，不招供方被判处有期徒刑10年；若两人均不招供，则两人同样被判处有期徒刑2年；若两人均招供，则均判处有期徒刑5年。那么嫌疑人应当选择哪一策略呢？对两个嫌疑人都有好处的做法是双方都不招供，共同服刑2年。这种情况被称为"帕累托最优"。这是在不损害任何一方利益的前提下，使所有人的利益都得到最大化的情况，常见于对彼此知根知底的寡头垄断企业之间。然而大多数人还是会害怕承担10年有期徒刑的风险，导致双方都选择坦白招供，接受5年有期徒刑。这种情况被称为"纳什均衡"，是每个人通过理性思考做出判断而产生的均衡状态。现实生活中的博弈往往会趋向这种平衡。

8.格式塔心理学（P214）

格式塔心理学是20世纪初由韦特海默等学者创立的一个心理学学派。格式塔学派主张将感觉和认知视为框架和整体，而不是构成整体的部分或元素。格式塔是德语Gestalt的音译，意为"形状、形式"，表示事物的一个整体。就像人们在听音乐时，不是把音乐理解为一个个单独音符的总和，而是将其理解为一段完整的旋律（即使变调也能够听出来）。格式塔心理学认为意识不是感觉元素的集合，而是一个不可分割的整体。人的情绪或感觉不是由外界的刺激直接一一引起的，而是经由大脑统合处理后萌生的。再比如，人们看到柠檬的画，会直接将其识别为整体的柠檬，而非线条和点的集合。格式塔心理学还采用了实验主义方法，对现代心理学产生了重大影响。

参考文献

［1］山浦一保. 武器としての組織心理学――人を動かすビジネスパーソン必須の心理学[M].東京：ダイヤモンド社，2021.

［2］馬場昌雄，馬場房子，岡村一成，ほか. 産業・組織心理学 改訂版[M]. 東京：白桃書房，2017.

［3］幸田達郎. 基礎から学ぶ産業・組織心理学[M]. 東京：勁草書房，2020.

［4］小口孝司. 史上最強図解よくわかる社会心理学[M]. 東京：ナツメ社，2013.

［5］亀田達也. 眠れなくなるほど面白い 図解 社会心理学[M]. 東京：日本文芸社，2019.

［6］中尾隆一郎.「KPIマネジメント」がゼロから身につく リーダーシップ見るだけノート[M].東京：日本文芸社，2022.

术语索引

英文

PM理论　　　　　　　　　　　　　　**196**
SNS　　　　　　　　　　66, **78**, 85, 132

B

变化　**72**, 82, 122, 133, 134, 159, 179, 184, 215
表扬　　39, 57, 66, **156**, 157, 158, 159, 160, 161,
　　　　　　　　162, 163, 164, 165, 166, 167
表扬文化　　　　　　　　　　　　　　161

C

操作性条件反射　　　　　　　　　　　38
刺猬的困境　　　　　　　　　　　　125

D

登门槛效应　　　　　　　　　　　　62
动机的差异　　　　　　　　　　　　104
独家信息　　　　　　　　　　　**120**, 121
对话　　　　　　　　　　　　　　212
惰性　　　　　　　　　　　　　　194

E

恶性嫉妒　　　　　　　　**84**, 85, 86, 87, 95

F

发散思维　　　　　　　　　　　**216**, 217

反馈　　　　　　**147**, 156, 163, 166, 195
放任型　　　　　　　　　　　**172**, 173
非语言　　　　　　　　　　**122**, 123, 134
非预期后果　　　　　　　　　　**58**, 59

G

格式塔心理学　　　　　　　**214**, 215, 221
工作动机　　　　　　　　　　　　　20
公仆型领导　　　　　　　　　　　　180
攻击性　　　　　　　　　　　　　　77
过程损失　　　　　　　　　**18, 48**, 49

H

寒暄　　　　　　　　　　　　**108**, 109
呼吁　　　　　　　　　　　　　　192
回报策略　　　　　　　　　　　　209
回避　　　　　　　　　　　　　89, 93
霍桑实验　　　　　　　　　　　　　36

J

嫉妒　　13, **74**, 75, 76, 77, 78, 79, 80, 81, 82, 83,
　　　　　84, 85, 86, 87, 88, 89, 90, 91, 92, 93, 94, 95
既成事实　　　　　　　　　　　118, **119**
绩效　　　16, 104, **106**, 108, 110, 112, 116, 120,
　　　　　121, 128, 129, 138, 148, 173, 183, 196, 204
缄默效应　　　　　　　　　　　　142

223

建议	25, 27, **89**, 92, 93, 95, 188, 218		178, 179, 186, 195, 201, 217
角色身份	**91**, **150**	努力	21, 35, 38, 80, 81, 84, 105, 110, 111,
教练	**26**, 27, 47		113, 127, 129, 145, 154, 155, 156, **158**, 159,
结果导向	**149**		162, 163, 164, 165, 166, 167, 189, 190
距离感	**125**	努力目标	**162**, 163, 164, 165

K

口号	22, **111**, 112, 114

L

冷处理	**194**
理想与现实的差距	**138**
良性嫉妒	**84**, 85, 86, 95
领导力	**14**, 107, 170, 171, 174, 178, 180, 182, 183, 196, 197, 212

M

梅拉宾法则	**123**, 134
魅力型	**178**, 179
民主型	**172**, 173
目的性	85, **154**

N

内部动机	**40**, 41, 104, 105
能力	16, 18, 26, 35, 38, 39, 44, 45, 48, 49, 57, 66, 81, 108, 127, **158**, 159, 170, 171, 174, 176,

P

排除	15, 31, 88, 89, 185, 194
皮格马利翁效应	26, **56**, **57**, 151
评价能力	**127**

Q

前扣带回	**82**, 83
潜规则	**27**
情绪	12, 13, 14, 15, 52, 53, **70**, 71, 74, 75, 82, 85, 90, 91, 92, 93, 95, 132, 141, 188, 202, 204, 205, 221
权变理论	**174**
群际冲突	**50**, 52
群体规范	**30**, 31, 60
群体极化	**43**, 61, 67
群体思维	**44**, 45, 46, 61

R

热情	85, 100, **117**, 188
人际关系	**12**, 13, 14, 25, 36, 37, 75, 78, 79,

80, 84, 86, 88, 89, 90, 100, 102, 103, 106, 108, 124, 126, 127, 128, 129, 130, 149, 155, 164, 175, 189, 202, 205, 209, 210, 214, 218, 219

人性	**202**, 203
忍耐	**140**, 141
任务（请求内容）	**190**
瑞士奶酪模型	**144**

S

上位目标	**53**
少数派影响理论	**60**
社会促进	**34**, 35
社会同一性	**54**, 55
社会性权力	**33**
社会抑制	**35**
生存/成长战略	**86**
实力主义	**149**
收敛思维	**216**, 217
睡眠负债	**205**, 220
斯坦福监狱实验	**184**

T

| 特性理论 | **170**, 171, 172 |

团队 15, 16, 18, 19, **22**, 23, 24, 25, 37, 42, 44, 48, 49, 75, 105, 108, 110, 111, 112, 115, 116, 118, 120, 121, 128, 129, 138, 146, 155, 174, 179, 180, 183, 184, 185, 196, 212, 213

团队绩效	**16**, 120, 121, 128, 129, 138
团队失误	**24**, 25
退出	**192**
外部动机	**40**, 41, 104, 105

W

| 温差 | **100**, 118 |

X

向量	**110**
向上影响策略	**188**
小规模团队	**128**, 129
携手合作	**93**, 94
谢罪	**206**, 207, 210, 211
心理安全感	**152**, 153
心理疼痛	**80**
心理滞留现象	**46**, 47
信任瓦解	**200**, 201, 204
行为趋近系统	**186**
行为抑制系统	**186**
幸福感	**103**

Y

压力 13, 71, 83, 124, 125, 126, 205, **210**, 211, 220

隐藏	93, 138, 144, 145, 149	真实型领导	182
隐性批评	166, 167	值得赞赏之处	165
援助	95, 130, 188, 206	职场外	130, 131
愿景	114, 115, 176, 177, 178, 179	忠诚	149, 183, 192, 218

Z

责备	156, 160	专制型	172
哲学	80, 112, 113, 114	资源交换	98, 100
		自证预言	56

后记

组织心理学的首要目的是解决大部分人在建立人际关系和建设团队方面的烦恼

看完本书的大家，对组织心理学是否有了大致的了解呢？

被任命为领导者，想让团队变得更好，被调动到了新的单位……每当这些时候，我们都会重新思考这些问题——需要给集体和团队制订什么样的目标呢？为了实现这个目标，如何才能更为卓有成效且高效地开展工作呢？怎样做才能让每个人都充满干劲地进行工作呢……

这些问题共通的答案之一，就是"建立良好的人际关系"。无论是在企业还是体育团队里，组织心理学的首要目的都是解决人们在建立人际关系和建设团队方面的烦恼。

我们自从诞生到这个世界以来，无论什么时候都是和"自己"作伴的。"我"在与周围的人相处时会体验到惊讶、喜悦、幸福的感觉。但是，有时也会产生痛苦、悲伤、愤怒的情绪。"我"正是随着这些心理活动成熟和进步的。

我们既是企业、学校的一员，又可能是体育团队、地方社区的一员，"我"和周围世界的相互关系纷繁复杂。我们每个人都希望与他人联结，取得仅凭"我"一人无法实现的巨大成就，努力找到属于"我"的幸福和生活方式。然而，我们处于社会关系当中，难免有时会经历不合适的人际关系，甚至有时会因此耽于自我厌恶，让"我"陷入不必要的痛苦和沮丧当中。

我刚开始学心理学的时候，恩师对我说："如果连眼前一个哭泣的孩子都无法帮助，那我们学的就不是心理学了。"在这种想法下，我非常荣幸能够结识宝岛社的编辑S先生，让我本次监制的这本书得以问世。我希望本书能够为远方的读者消解欲哭的愁闷，帮助大家调节心情。然后，通过提出一些建议为广大的读者们指明方向，成为那个在背后推你一把的人。

人的思考方式，亘古以来都没有多大的变化。因此，理解我们心灵的运作方式，不仅能让我们"自己"和我们身边的人过得幸福美满，还会使这个社会也变得更为充实。接触到人类的聪慧才智和似水柔情，我们在发出"人类真是了不起的存在、真有趣啊"的感叹后，或许就能更加相信他人了。与此同时，认识到群体中人类的愚昧和丑陋，浅叹一声"人类，也就这样……"后，我们的内心也就不会被伤得太深了。

我们与自己以外的人和社会的联系，贯彻了我们整个人生，所以必然存在在特定的年纪才能拥有的心境，以及"此时此刻"才会涌现出的感情。因此，希望大家能够尽早熟悉和他人的联结，体会其中若隐若现的人心，积累对人性的感悟。即使时代不断变迁，环境不断变化，我依然衷心希望本书能够成为照亮大家人际交往之路的一盏明灯，帮助身处社会、和他人相处的读者们品味人类的心理。

山浦一保